시로 쓴 회고록

말문이 열린 江

시로 쓴 회고록

말문이 열린 江

팔순 및 금혼식 기념 출판

한 두 현 제01시집

을지출판공사

■ 시인의 말

말문이 열린 江

졸졸졸
도랑물도 아닌 것이

콸콸콸
개울물도 아닌 것이

조용히 흘러가는
넓고 깊은 큰 덩치에

말문을 열다니
얘긴 무슨 얘기를 하려냐고

팔십년 쌓인 회포
가슴에 품은 채 바다에 풍덩

하려고도 했지만
너무너무 입이 간지러워 아주 조금만

풀어 풀어 놓느니
맛만 보시구려 너무 잘잘못 따지진 말고

아무려면 아무려면
인간들 사는 꼴보다야 나은 삶일 테니까

2017년 새해 아침

각공서재에서

中里 한 두 현

CONTENTS

차 례

제 1 부 돌이켜 본 나의 복

제 2 부 돌이켜 본 아유 깜짝

제 3 부 돌이켜 본 아차 실수

CONTENTS

CONTENTS

제 5 부 돌이켜 본 예쁜 추억

CONTENTS

제 6 부 돌이켜 본 흐뭇한 영상

제 1 부

돌이켜 본 나의 복

돌이켜 본 나의 복 1

첫 번째 福은
좋은 부모를 만난 복이라네

아버지 왜정 때 제일고보 보다 들어가기 어려운
일본인 대부분에 한국인 수재 몇 명만 끼인 선린상업 출신

어머니 외조부 교육열에 힘입어 일찍
사서삼경(四書三經)을 통달해 주위의 칭송을 받은 영재라네

뛰어나고 뛰어난 머리를 가진
부모 사이에 태어났으니 이보다 더 큰 상속 어디 있으리오

삼종지덕(三從之德)에 충실해 집안일
어릴 때부터 나와 상의 결정까지 맡기시니 기가 펄펄 살았네

아무리 어려움에 처해도

안절부절못하는 모습은 찾아볼 길 없는 바위같이 무거운 분

6.25동란으로 하루아침에
거리에 나앉자 자식 위해 지게도 광주리 행상도 마다 않으시며

어떤 일을 한다 해도
긍정적으로 받아들여 묵묵히 밀어주던 무언의 든든한 응원자

늘 되뇌고 되뇌더니 첫 손자 안아 보자마자
열녀는 열녀인가 봐 부랴부랴 부군 곁으로 떠나가 버리셨으니.

2016. 6. 9

돌이켜 본 나의 복 2-1

두 번째 福은
바라고 바라던 아내를 맞이한 복이라네

결혼 조건은 단연
우수한 머리에 생활력이라 이대약대 출신이었지

좋은 자식을 낳아
내가 일찍 가도 집안을 꾸려나갈 수 있을 테니까

1966년 여름 어느 날
나도 자립을 했으니 아버지 선린동창 분을 찾으리라

마침 대성목재 전무가 계셔
인사차 들른 게 인연이 되어 당신의 딸을 중매하시다니

집을 새로 지을 때 바깥채에
약방을 할 수 있도록 점포까지 지었으니 미래에 대비한 삶이었지

다행히 단명함을 면해

멋진 프로부모로 살면서 현모양처라는 보너스까지 달고
올 줄이야

어머니 암 투병 때 보여준 극진함
돌아가시니 여법하게 치른 삼년상에 아직도 계속되는
극락왕생기도

훌륭한 부모님 밑에서 잘 받은 교육덕분에
부부싸움 없이 2남 2녀 잘 기르고 근검절약으로 집안을
일으켰다네.

2016. 6. 10

돌이켜 본 나의 복 2-2

당신이 아니었다면

〈팔순과 금혼식을 맞이하여 아내에게 바친다〉

당신이 아니었다면
어찌 단명한 우리 집안에서 내가 팔순을 맞이할 수 있었으리오

당신이 아니었다면
어찌 호랑이 같은 내 성격을 이처럼 순화시킬 수 있었으리오

당신이 아니었다면
어찌 가난했던 우리 집안을 풍족하게 이룩할 수 있었으리오

당신이 아니었다면
어찌 50년 동안 부부싸움 한 번 안할 수 있었으리오

당신이 아니었다면
어찌 한 해도 빠짐없이 부모님제사를 여법하게 뫼실 수 있었으리오

당신이 아니었다면
어찌 돈독한 불심을 바탕으로 한 유교집안을 이룰 수 있었으리오

당신이 아니었다면
어찌 2남 2녀를 잘 낳아 불자로 반듯하게 키워 낼 수 있었으리오

당신이 아니었다면
어찌 내가 글지이 시인 조각가로 제3인생을 살아갈 수 있었으리오

당신이 아니었다면
어찌 사형선고를 두 번씩이나 받은 나를 살려낼 수 있었으리오

당신이 아니었다면
어찌 반세기를 이어온 수유동에서 칭송을 받으며 살 수 있었으리오

당신이 아니었다면
어찌 프로부모 재단설립의 서원(誓願)을 향해 매진할 수 있었으리오

당신이 아니었다면
어찌 몸이 늙어 아파도 하루하루를 행복하게 살아갈 수 있으리오

당신이 아니었다면
어찌 여생을 허물없이 조용히 마감할 수 있는 꿈을 꿀 수 있으리오.

2017. 2. 12

팔순과 금혼식을 맞이하여

신랑: 한 두 현 이 신부: 신 정 현 에게

돌이켜 본 나의 복 3

세 번째 福은
자식 넷이 잘 자라준 복이라네

어려서부터
자식을 60명 두고 싶다 했는데 겨우 네 명이지만

좋은 아이 낳으려
결혼하는 30세까지 동정남을 고집할 만큼 간절함이 있었다네

귀하디귀한 생명을
잉태하는 과정은 물론 태교해 낳고 기르는데 온 정성을 다했지

유치원 때부터 집에 돌아오면
하루 일을 다 털어놓게 하고 아내는 반 아이들 이름을 달달달

반 친구들 집에 불러
먹을 것 만들어 주며 마음껏 놀고 뛰게 하니 집안은 늘 놀이터

나는 마음 꿰뚫어 보는 재주 있어
문제가 생기면 즉시 알아차리고 조용히 불러 상담을 해 풀어주었지

기대에 어긋나지 않은 머리에
범생들이라 뜻대로 동창은 서울대 4명 이대 2명으로 압축되었다네

손자 7명이 자라는 걸 보면
자식교육이 얼마나 어려운가를 실감하면서 내 복 많음에 감사하지.

2016. 6. 11

돌이켜 본 나의 복 4

네 번째 福은
내 삶에 딱 맞추어 준 시대 복이라네

공부 재주만 있으면
독학을 해서라도 경쟁률 센 일류 학교를 갈 수 있던 시대

지금이라면 어찌
알량한 시험 준비만으로 당시 최고의 서울공대에 합격할 수 있겠나

사회 나갈 때엔
박정희 대통령 집권 다음 해여서 산업혁명을 불러일으키던 시기라

어렵지 않게
늘어나는 GDP의 상승곡선 따라 늘 중심인물로 자랄 수 있었지

당시만 해도
강남개발이란 누구도 상상하지 못해 싸구려 논밭이 뒹굴었다네

저축저축한 귀한 돈
촌놈 땅이 좋아 땅에 묻다 보니 흙이 금이 되어 가져다 준 재복

5년이 빨랐어도 5년만 늦었어도
황금의 시대는 나를 비켜났으리니 어찌 인력만으로 가능한 일이랴

삶에는 시대 운이 따라야
때맞추어 공대 나오니 최고 기술자로 훈장도 타고 부도 이루었다네.

2016. 6. 12

돌이켜 본 나의 복 5

다섯 번째 福은
단명한 집안에 태어난 복이라네

어릴 적부터
오십까지만 살았으면 좋겠다는 노랠 불렀다네

달 보고 출퇴근 반세기
직장에서나 은퇴한 다음에도 일하고 또 일했었지

1,000회 넘긴 북한산등반
폐활량 체력 점점 높아지니 수명도 길어지고 길어졌다네

하는 일마다 순조로워
불어나는 가속도에 만족할만한 큰 성과도 이룰 수 있었지

너무 열심히 일하다가
사형선고를 두 번씩이나 받는 어려운 병고 치렀지만 살아나

어느덧 80을 맞아

우리 집안 수명선수가 되어 하루하루 신기록갱신에 들떠 있다네

장수집안에 태어났다면
어찌 성취하고 성취한 행복감을 느끼고 느끼며 살 수 있었으리오.

2016. 6. 13

돌이켜 본 나의 복 6

여섯 번째 福은
홀어머니 외아들로 태어난 복이라네

세 살 때 아버지 여읜
맹자, 공자님은 나의 롤 모델(Role Model)

뉴턴, 마호메트는 유복자
칭기즈칸, 제갈공명, 페스탈로치도 일찍 편모슬하

나도 훌륭한 사람이 될 거야
아버지 없음 느끼기도 전에 철이 나고 말았다네

걸음마 배울 때
가장 호주 되어 대문에 걸려 있는 내 문패의 뿌듯함

이장이라도 찾아오면
"두현이 계신가?" 불러주니 아이영감이 되었다네

맹모삼천지교(孟母三遷之敎)
한석봉 어머니 떡 썰기는 교육의 지침서로 충분하였지

아버지도 형도 기댈 곳 없으니
살아남기 위해 점잔 예의 절제 근면 절약하여 홀로 설 수 밖에

홀어머니 외아들이 아니었다면
어찌 애기어른이 되어 주위의 칭송만 받으며 자랄 수 있었으리오.

2016. 6. 15

돌이켜 본 나의 복 7-1

일곱 번째 福은
뼈대 있는 사대부 가문에 태어난 복이라네

어려서 보니
양반 중인 상인 노비가 뚜렷이 구분돼 있는 집성촌

얼마나 다행인지
양반 중에서도 사대부 집안의 서손도 아닌 적손이라

아마도 아마도
전생에 좋은 업을 많이 짓지 않고서야 어찌 최고위에

사회계급이 없는 듯 있는 시대에
능력만 있으면 거칠 것 없이 뻗어나갈 수 있다는 자부심

그것도 노론이 아닌 남인
퇴계 이황을 비롯해 정승 중의 정승 유성룡과 이원익 대감

조선후기 성군인 정조도
이순신 장군은 물론 다산 정약용도 존경받는 인물이라

부자냐 가난하냐 보다도
뼈대가 있는 집안이냐 아니냐가 나에겐 더 중요했다

천민자본주의 천민권력이 난무하는 세상에
손가락질 안 받으며 잘 살 수 있었던 것에 감사 감사하
면서.

2016. 6. 16

돌이켜 본 나의 복 7-2

노숲 청주한씨의 유래

맑디맑은 蟾江이 품안으로 들어오는 형국의 전망이 확
트인
명당을 택한 정선공 承元할아버지 고려 조선조를 통해
명문 중의 명문 자손

고려개국공신 太衛벼슬의 始祖 威襄公 蘭할아버지로부
터 16세손
조선조개국공신 영의정을 지낸 문간공 尙敬할아버지의
현손이며
淸白吏에 功臣인 문정공 繼禧할아버지의 손자로 정선군
수에서 물러난
1514년에 낙향해 원주 부론면 노숲에 자리 잡으니 하는
일마다 순조로워

한 분의 왕비인 仁烈王后를 비롯해 삼정승 육판서를 배
출하니
老論의 기세가 하늘을 찌르던 조선조 말까지 기호지방
에서 유일하게
南人士大夫家를 이어온 청주한씨 중의 청주한씨로 집성

촌을 이루어
大院君 시대 우의정 啓源할아버지까지 정승판서가 줄을 이었다

19세손인 구암공 百謙할아버지는 실학의 비조로 동국지리지 편찬
아우 西平府院君 문익공 浚謙할아버지는 일찍이 문과에 급제하여
판서와 五道都元帥까지 두루 거치시고 서애 柳成龍의 신임이 두터웠고
오성과 한음과 교우하며 선조의 遺敎七臣 중 한 분이 되셨으니 그릇의
됨됨이야 말해 무엇하리오 그 후 仁祖反正으로 領敦寧府事에 이르셨다

덕망과 지략이 출중한 仁烈王后는 반정 10년 되던 해
승하하신 仁穆大妃 소장품에서 나온 중국으로 보내는 친필로
어찌할 바를 몰라 통곡까지 하는 仁祖를 돕는 등 성덕을 갖춘 왕후로

칭송받으셨으며 그 후손이 조선조 말까지 왕위를 계승하였다

노숲(魯林)이란 지명이 생긴 것은 20세손 우의정 정온공 興一할아버지가

1651년 중국사신으로 가 孔子님의 고향 魯나라에서 느티나무 묘목을
가져와 심은 게 계기가 되어 현재에도 잘 버티고 있다

현세에 이르러 포악한 왜정시대 친일 반역한 자가 한 명도 없고 독립운동가로
31세손 基岳아저씨를 들 수 있으며 명문의 후예답게 하버드박사 3명을 비롯하여
서울대에서 20여 명의 인재가 배출되어 국가사회에 크게 이바지하고 있다.

2016. 6. 19
32세손 西平府院君派 斗 鉉 씀

돌이켜 본 나의 복 8

여덟 번째 福은
튼튼한 체력에 체질을 갖고 태어난 복이라네

비록 스무 살 되던 고2때 결핵에 걸려
돼지고기비지찌개를 먹어 뒤늦게 부쩍부쩍 자라났지만

할아버지나 외할아버지나
키가 크시고 뼈대가 굵어 나도 삼동을 갖췄다는 평을 받았다네

영국이나 독일 출장을 가도
외모에 콤플렉스는 받지 않아 얼마나 자신만만 신바람 났는지

심한 패혈증에 걸리면 의사 말이
살아나도 4대 장기 중 하나 이상이 나간다 했는데 멀쩡한 체질에

누구나 췌장암 수술한 다음
간으로 튀었다면 100% 죽는다 했는데 살아난 체력은 알아주어야

하기야 사회에 나와 수도 없이
산에 오르고 매일매일 산보를 한 단련 단련의 힘이기도 하리라

죽을 고비를 몇 번씩 넘긴 요즘도
혈압 혈당 고지혈증 어지럼증도 없이 잘 먹고 잘 자고 잘 싼다네

이쯤 되면 뉘라서
내 체력 내 체질을 타고난 복이 아니라고 말할 수 있으리오.

2016. 6. 18

돌이켜 본 나의 복 9

아홉 번째 福은
예술의 끼를 타고난 복이라네

몰랐다 전혀 몰랐다
내가 글지이가 되고 시를 쓰고 조각을 하리라는 걸

초등학교 4학년 학예회
반장으로 출연한 연극과 "금강에 살으리렷다" 독창이 전부

6.25전쟁 학창 시절
글 한 줄 시 한 편 그림 한 점 발표할 수 없게 비틀어 버렸으니

사회에 나와 날마다 쓴 일기
보고서작성 연구논문 발표 아이들 미술조각 돕다가 끼를 알아차려

60세부터 시작한 제3의 인생
참으로 알차게 발동 맨 처음 쓴 책이 베스트반열에 올라 흥분했지

비누조각에서 시작한 홍송 불상조각 110여 점
70세에 등단한 늦깎이 시인이 쓴 시가 이미 1,000수를
넘었다네

잘하고 못하고는 떠나
매일 매일 출근해 할 일이 있다는 게 얼마나 힘이 되고
즐거운지

일찍 회사 은퇴해 예술의 끼 찾지 않았다면
지루한 여생에 어찌 그 어렵고 어렵던 병마를 물리칠 수
있었으랴.

2016. 6. 27

돌이켜 본 나의 복 10

열 번째 福은
석가모니를 만난 가장 큰 복이라네

배가 꼬르륵 꼬르륵 하던 시절
왠지 피라미나 참새 한 마리 잡을 재주도 없었지만 잡길 싫어했다

어릴 적 이모 손에 이끌려 일요예배도
홀로 동네 들어온 부흥회도 가 봤으나 오히려 나를 멀리 멀리 밀어내

그 당시 아무도 아무도 없었다
불법을 나에게 설법한 사람은 그런데 자꾸자꾸 마음이 끌려 팬까지

어떤 강력한 종교의 교주가
너도 도를 깨우치면 나와 동등한 반열에 오를 수 있다고 했었던가

그뿐이랴 인간만이 아니라
하잘것없어 보이는 벌레에 이르기까지 평등한 존재요

자손이라니

너무 너무 과학 과학적이야
일체중생의 뿌리는 한 할아버지라는 게 증명 증명되고 있지 않은가

절이 좋아 절이 좋아
절엘 가도 나는 절을 하진 않으니 불교신도라 하지 않을지 몰라도

나만큼 석가모니를 좋아하는 이도
가르침을 옳게 잘 받아들여 大自由를 누리는 사람도 아마 드무리라.

2016. 6. 29

돌이켜 본 나의 복 11

열한 번째 福은
강한 의지력을 타고난 복이라네

할아버지 외할아버지
둘째가라면 서러워 할 아주 유명한 의지력의 소유자

할아버지 아홉 살 때
팔십 리 머나먼 안성 땅에서 가마 타고 양자 온 길

집에 가시고 싶어
홀로 터벅터벅 친정집을 찾아 남한강까지 배를 얻어 타며 건너 도달한

콩나물죽 3년 약속 중
생신 날 할머니가 흰 쌀밥을 지어드리니 묵묵히 들고 나가 담 밑에 버린

반상타파를 부르짖고 상투를 자른 진보적 사상의 호랑이
발이 넓어 54년 서거하시니 오십여 개 만장(輓章) 빼꼼한 시골하늘을 덮었다

외할아버지는 영재교육 시키느라
체중조절 시키다가 잔칫날 과식 두 아들을 한꺼번에 잃은 지나친 교육열

왜정시대 경성제대병원에서 당뇨병
진단 받은 후 의사의 지시 잘 따라 식이요법으로 오래오래 버티신 의지

한문학에 정통 늘 한시를 읊조리시고
선산석물 지차로서 도맡으며 상투는 끝까지 고집한 유교정신에 투철한
보수의 아이콘이면서도 최신문물은 나오자마자 화신에 들러 사온 멋쟁이

두 분의 호랑이 DNA는 아마도 고스란히 손자에게 물려진 듯
보수진보를 넘나들며 어려움을 이겨낸 강한 의지력의 복을 타고 났다네.

2016. 9. 20

제 2 부

돌이켜 본 아유 깜짝

돌이켜 본 아유 깜짝 1

첫 번째 아유 깜짝은
서울대신문에 게재된 대학합격자 명단을 보는 순간이었다

합격을 바라는 건 도둑놈 심보라며
발표도 보러 가지 않고 안집 신문도 빌려보질 못하게 했지

4當 6落이라고 회자되던 시대
결핵으로 8시간 자고 수석졸업 하느라 철도공부 열심히 했다네

국영수 시간은 인문고의 반의반
교과서도 떼지 못한 채 졸업 입시전문학원엔 근처도 안 갔으니

어찌 감히 넘볼 수 있으랴
경주 동창이 놀러오라 해 가기 전 불합격 확인하러 간 서울공대

게시판에 붙여 놓은 발표문

일주일 새 비바람에 찢어져 없고 현관에 붙여 놓은 대학 신문뿐

읽어 내려가다 깜짝 놀라
同名異人일 거야 라는 생각에 헐레벌떡 이층교무실로 뛰어가

한두현이 어느 고등학교 출신인가요?
교통고등학교라는 대답을 듣는 순간 덩실덩실 춤을 출 수밖에

도저히 도저히 믿기 어려운
도둑놈 심보도 이루어지는 참으로 참으로 신나는 좋은 시대였다네.

2016. 7. 8

돌이켜 본 아유 깜짝 2

하도 놀라
지금도 생각하면 가슴이 벌렁벌렁

깜깜한 밤
대문 뒤에 숨어 있다가 깍! 소리치니 깜짝 놀라

악! 악! 하며 울어대니
엄마가 뛰쳐나와 철부지 누나를 회초리로 마구 마구

소스라치게 놀래 키면
아이들 경기를 한다는 것쯤은 알았을 텐데 어찌 어찌

미워 미워 밉기도 했으리
어린 동생은 점잖다는 칭찬에 어른대접 받는데 자긴 아
이라

장난친 이는 전혀 기억 못할 일

나는 지금도 생생이 떠오르는 추억 그립고 아름답기까지 하다네.

2016. 7. 8

돌이켜 본 아유 깜짝 3

세 번째 아유 깜짝은
바로 위 큰댁 밭에서 난 할아버지 기침 소리였다

무더운 여름 오후
우거진 콩밭 속에서 어머니와 함께 김을 맬 때였다

할아버지가 어제 외출하셔 주무시고
오늘 오시니 이따 가서 절을 해야 한다는 말씀에

화가 잔뜩 나 있는 나는
"아니 손자 중학교도 보내지 못하면서 절은 꼬박꼬박 받아야 하나?"

어느 누구도 토도 못 달던 호랑일
소릴 벅벅 질러가며 비평을 하고 나니 속이 좀 풀린 듯싶었는데

아유 깜짝 이게 웬일
윗 밭에서 김을 매시던 할아버지의 큰 기침 소리가 들려오다니

우리 모자는 아무 말 없이
일을 마치고 저녁에 절을 하러 가니 호랑이도 묵묵히 받으시데

호랑이가 이가 빠져 그런 건지
손자 말에도 일리가 있었던 건지 저승에 가 뵈오면 여쭤보리라.

2016. 7. 10

돌이켜 본 아유 깜짝 4

네 번째 아유 깜짝은
설마 하고 받은 진단이 폐결핵이란다

왜 교통고등학교를 갔겠나
서울공대에 합격하면 등록금을 몽땅 대준다 해서 간 것이니

입시공부를 한답시고
고2가 되자마자 잠을 줄이고 열을 올렸더니 가래에서 피가

혹시 몰라 교통병원엘 가
진단을 받아보니 청천벽력 폐결핵이니 휴학해야 살 수 있단다

아버지가 26세에 이 병으로 돌아가셨는데 얄궂은 운명
중학 때 튜베르클린 반응이 양성이라 BCG접종을 못해 걱정했지만

담임 최종철 선생님과 울며불며

저녁 늦게까지 상담해 약물 치료를 해가며 그대로 다니기로 결심

하루 8시간 취침 스트렙토마이신 일주일에 두 번 주사
하루 세 번 한 움큼씩 나이드라지드와 파스를 삼켜야만 했다

서울공대 진학은 수석 졸업해 서울역 배당 받은 후
입시학원 다니며 공부해 다음해 교통부 장학생으로 가기로 작정

영양보충으로 기름덩이 들어간 비지찌개에 키가 쭉쭉
잠도 실컷 대학합격 보너스까지 받았으니 고마운 결핵이 아니던가.

2016. 7. 11

돌이켜 본 아유 깜짝 5

네 번째 아유 깜짝은
첫 외국여행에서 돈을 분실한 걸 아는 순간이었다

기술연수로 간 일본
도쿄 구경을 가 백화점 쇼핑을 하고 호텔에 돌아와 보니

시계호주머니에 넣은 돈이 없으니
깜짝 놀라 여기저기 뒤지고 뒤져 봤지만 아무데도 안 보여

카드도 없던 60년대 하마마쓰 갈 차비도 걱정
다행히 회사에 다니던 홍순덕 양이 있어 위기를 모면

만일 홍 양이 없었다면
어찌 했을까 생각만 해도 아찔하고 망신스러워 고마운 인연

그 후 외국 출장 때에는
팬티에 돈주머니를 달아 속에 넣고 다니니 아주 아주 안전 안전

한 번의 실수는 좋은 경험
수도 없이 많은 출장에 단 한 번의 소매치기나 분실이 없었다네.

2016. 7. 12

돌이켜 본 아유 깜짝 6

여섯 번째 돌이켜 본 아유 깜짝은
어머니가 운명 바로 직전 "너무 서두르지 마라" 듣는 순간

저녁 무렵 왕진 온 의사 오늘저녁이라 해
자식은 물론 고모내외 만흥 형 내외를 비롯해 방 안 가득 밤을 꼬빡

암 투병 6개월에 뼈만 앙상한 부처님 고행상
숨이 끊어지다 마시기를 반복 아침 6시경 고모가 눈짓을 하기에

캐비닛 위에 마련해 둔 갈아입으실 옷
내리려 손을 올리는 순간 "너무 서두르지 마라" 하시니 깜짝 놀라

어찌나 놀라고 무안한지 "예! 예!"
이때다 싶어 어머니가 암이라 치료도 못해드렸노라 말하려다 참자

내가 불효라 생각하시는 게 나으리라

나쁜 병이란 걸 아는 순간 자식걱정의 짐을 더 지고 가실
까 염려해

외할머니가 유방암으로 열세 살 때
일제 경성제대 대학병원에서 수술까지 받고도 재발해
돌아가셨으니

암이 유전될까 늘 걱정하던 분이라
병명을 끝내 말씀드리지 못하고 숨어서 많이도 울고 운
6개월

말씀 후 바로 숨이 넘어가신 분이
어찌도 그리 정신이 말짱하고 음성이 또렷또렷했는지
지금도 오싹.

2016. 7. 12

돌이켜 본 아유 깜짝 7

일곱 번째 아유 깜짝은
생전 처음 보는 순구의 驚氣였다

한밤중 "여보! 여보!"
아내의 다급한 소리에 깨어 보니

첫 아들이 눈을 치켜뜨고 버둥버둥
숨이 곧 넘어갈 듯 다급한 사정이라 들쳐 업고 뛰었다

비포장도로에 가로등도 없는 길
수유사거리에 있는 병원을 향해 힘껏힘껏 달리고 달렸지

"순구야! 순구야!" 연신 부르는 아내의 소리
어느덧 굳게 내린 병원셔터를 두드리자 한참 지나 열린다

이층으로 뛰어 올라가니
아이는 이미 정신이 들어 "찬바람을 쏘여 깨어났군요"

너무 놀라지 말라는 의사의 말을 뒤로 한 채

이제 살렸다는 안도감을 안고 터벅터벅 뛰어온 길을 되돌아왔다

그 후 몇 번의 경기는
처음처럼 놀라지는 않았지만 가만 있기는 불안해 뛰고 또 뛰었지

다행히 정말 다행히
나머지 세 아이는 누구도 밤중행사를 치르지 않아 안심하고 키웠다.

2016. 7. 13

돌이켜 본 아유 깜짝 8

여덟 번째 아유 깜짝은
물놀이 갔다가 딸 둘을 다 잃을 뻔한 사건이다

아내는 막내를 낳고 얼마 안 돼
나 홀로 딸 둘을 데리고 의정부 지나 풀장엘 간 일요일

말이 좋아 풀장이지 물웅덩이
흙이 올라와 물속이 흐려 보이지도 않는 상태였다

물놀이 튜브를 하나씩 태운 딸 둘을
조심스레 이끌고 중심 쪽으로 살살 들어가는데 이게 웬일

갑자기 지영이가 균형을 잃고 물에 퐁당
쏙 빠져들어가는 걸 오른손으로 간신히 잡아 올리는데

아! 글쎄 엎친 데 덮친 격으로 그 사이
혜선이가 쑥 들어가고 있어 간신히 찾아 왼손으로 끌어 올렸으니

얼마나 얼마나 놀라고 놀랐는지

부랴부랴 짐을 챙겨 돌아오고 다시 튜브 타는 물놀이는
하지 않아

만일 그때 생각하기도 싫은
사고로 이어지기라도 했다면 어찌 감당했으랴 피어나지
못한 인생

첫째도 둘째도 안전을 부르짖던 내가
그런 일을 저질렀는지 지금도 아찔한 기분 조상님께 감
사감사 할뿐.

2016. 7. 16

돌이켜 본 아유 깜짝 9

아홉 번째 아유 깜짝은
죽었다는 기별을 듣고 찾아간 친구가 살아 있다니

교통고 업무과 동창 尹後燮
세상을 떠났다 해 서울대 보라매 병원엘 부랴부랴

장례식장 문에 들어서자마자
눈에 들어오는 게 죽었다는 사람이 앉아 누구와 얘기를

아! 이게 웬일인가?
"너 죽었다더니 다시 살아난 거냐?"라고 물어야 하나

망설이면서 주위를 살펴보니
저쪽 벽 옆에 김선구가 앉아 반가기에 걸어가 연유를 물으니

저 사람은 쌍둥이 형 尹先燮인데
너무 똑같아 동창들이 길에서 만나 "너 날 왜 모르는 척해"하면

"난 후섭이가 아닌데요"

개는 내 동생이라며 씁쓸한 웃음을 띠고 가버리곤 했단다

차라리 후섭이가 살아났더라면
더 좋았을 걸 하는 생각을 하면서 쓸쓸히 발길을 돌린 하루였다.

2016. 7. 17

돌이켜 본 아유 깜짝 10

열 번째 아유 깜짝은
돌아가셨다는 진외당숙이 "두현이 오냐?" 하시다니

교통고등학교 다닐 때
시간만 되면 가까운 이태원초등학교 교장인 아저씨를 찾았다

더덜더덜 말을 하던 진외 재종형이
"아버지가 별세하였다는 전화를 했다"해서 청파동 집을 새벽에

아침 6시까지 의정부공장까지 출근하던 습관에
늦지 않으려고 새벽 3시경 차를 몰고 더듬더듬 초상집을 찾아갔다

謹弔燈만 대문에 덩그라니 너무 너무 괴괴한데
건넌방에만 불이 켜져 있고 은은히 들려오는 불경 테이프 소리

여기다 싶어 기침을 두어 번 하고 문을 살살 여니

아유 깜짝이야 돌아가셨다던 아저씨가 “두현이 오냐?”
하시다니

간이 떨어질 뻔 우선 “네! 네!” 대답부터 하면서
얼른 영정사진을 보니 아주머니라 들어가 조문을 해 위
기를 모면

더덜더덜 이영근이 형이 어머니를 아버지라 한 겐지
아내가 잘 못 들은 건지는 알 수 없으나 담이 약했다면
쓸어질 뻔

아주머니보다 친한 아저씨가 살아계신 데다
나의 담력과 위기관리 테스트도 합격점이라 이래저래
잘 치른 조문.

2016. 7. 18

돌이켜 본 아유 깜짝 11

열한 번째 아유 깜짝은
점심도시락을 여는데 바글바글거리는 구더기를 보는 순간이었다

신공덕동에 위치한 멋진
서울공대 시계탑 앞 잔디밭에서 흘러나오는 우렁찬 음악을 들으며

친구들과 옹기종기 모여
점심을 먹는 것은 그림같이 아름다운 풍경이요 낭만 그 자체였지

그런데 그런데 이런 일이
거적문 부엌 식으라고 열어 놓은 도시락 꽁치조림 위에 똥파리가 쉬

누굴 탓하랴 허술한 부엌이냐?
어머니는 도시락이 쉴까 해서 파리는 종족을 퍼뜨리려고 한 일인데

친구들이 볼까 봐 서둘러

도시락 뚜껑을 덮고 쓰레기통으로 달려 갔지 분리수거가 없던 때라

비위가 약한 나에겐 큰 충격
꽁치는 집에서도 밖에서도 보기도 싫어 무려 30년 동안 안 먹었지

이래저래 꽁치 수백 마리는 나로 인한
살생을 면하게 되었으니 쉬를 깔린 자에게 고마움을 표하는 바이다.

2016. 9. 22

제 3 부

돌이켜 본 아차 실수

돌이켜 본 아차 실수 1

첫 번째 아차 실수는
왜정 소학교 1학년 때 반장으로 팔다리를 잘못 움직인 실수다

얼마나 코믹했을까
오른팔 오른발이 왼팔 왼발이 함께 나가다니 너무 너무 창피해

우리 반에는 나보다
다섯 살이나 많은 안준희라는 친구가 있을 만큼 나는 어렸다

단 한 번의 연습도 없이
반장이라고 앞에 섰다가 조회가 끝나 행진을 할 때였으니

대여섯 걸음 걷다가
틀린 사실을 깨달아 고쳤고 누구 하나 그걸 놀리지도 않았지만

몇 해 몇 해 동안
세상에 나와 저지른 첫 실수는 두고두고 뇌리에 남아 날 괴렵혔다.

2016. 7. 19

돌이켜 본 아차 실수 2

두 번째 아차 실수는
존칭을 잘 쓴답시고 자기존칭을 한 실수다

얼마나 창피했는지
초등학교 3학년 때 이순근 담임선생님이

오늘 집에 갈 때
서울 댁 할머니 찾아가 뵙고 가거라 하여

주뼛주뼛 들렀는데
수많은 동네어른들이 있어 더 긴장을 했던 모양

존칭을 잘 쓴다는 게
"할머니 저 오시라고 하셨어요?"라고 했지 뭐야

가만 계셨으면 좋으련만
"그래 너 오시라고 했다"를 계속 반복하며 웃으시니

얼마나 몸 둘 바를 몰라
그냥 뛰쳐나오고 싶었지만 꾹꾹 참느라 애를 쓰고 썼지

정 많은 同福吳씨 할머니 새로 수확한 밤을
한 가방 가득 넣어 주셔서 걸음아 날 살려라 달려 나왔다

그땐 그게 왜 그리도 부끄럽던지
해마다 가는 게 싫어 차라리 안주시는 게 좋겠다는 생각
까지.

2016. 7. 21

돌이켜 본 아차 실수 3

세 번째 아차 실수는
公立문막중학교 학생회장으로 동맹휴학을 너무 길게 한 실수다

3학년 초 종료시간
심창섭 담임이 교사신축을 위한 후원회비 고지서를 돌린다

학생들이 웅성웅성
내가 나서 "이거 낼 형편 안 되는 사람이 많은 데요"라니까

잠깐의 망설임도 없이
"중학교는 의무교육이 아니니까 돈이 없으면 못 다니는 거지"

머리가 휑 돌아가는 소리
담임이 나가자 말자 단상에 올라 "나는 돈이 없어 못 다닌다"

나도 나도 다들 찬성 찬성

즉석에서 학생회 간부를 비롯해 1, 2학년 반장을 소집
의견일치로

다음날부터 무기한 동맹휴학 돌입
매일같이 조돈익 교장과 후원회장이 자전거를 타고 나를 찾아와

만나주지 않았지 단 한 번도
첫날은 상의하자는 말 둘째 날엔 안 받기로 했으니 나오라는 말

확실히 해야 된다는 생각과 화도 덜 풀려
일주일이 아닌 3일 정도로 끝냈으면 서로 서로 앙금도 적었으리라.

2016. 7. 31

돌이켜 본 아차 실수 4

네 번째 아차 실수는
연년생으로 딸을 낳아 큰애를 외할머니 댁에 1년간 맡긴 실수다

너무 너무 무지했다
한 살 터울의 문제점이나 엄마 품을 떠나 자라는 아이의 입장에

회사일이 바쁜 시기라
일요일마다 못가고 한 달에 한번 정도 가다 보니 그것도 큰 문제

일 년 만에 돌아온 아이는
엄마를 몰라볼 정도로 낯설어하고 동생을 미워하기에 이르렀다

연년생으로 낳은 것도 실수
떼어 기른 건 더욱 크나큰 잘못이라는 걸 깨달을 때는 이미 늦어

힘겨워 하는 아이를 볼 때마다

돌보는 아이를 하나 더 두고라도 직접 기를 걸 하는 후회 또 후회

다행히 천만 다행히
어려움을 딛고 일어서서 잘 자라주어 얼마나 고맙고 고마운지

단순한 실수차원이 아니라
내 일생일대의 돌이킬 수 없는 엄청난 사고를 친 사건이다

우리 부부는 늘 참회하는 마음이다
그래서 시집보내던 날 부산에서 나오는 눈물을 한없이 흘려야 했다.

2016. 8. 4

돌이켜 본 아차 실수 5

다섯 번째 실수는
불평등거래에 NO를 하지 못하고 반값에 넘긴 큰 실수다

84년도쯤 내가 줄 서 있는 주주사가
우리 회사 주식을 50%이상 확보하려고 박박 긁어모으는 때였다

나는 1% 정도의 주식을 소유해
명실상부한 캐스팅보트를 쥐고 있어 기분이 날아갈 것 같았는데

어느 날 그 주주사가 파견한 부사장이
오는 일요일에 회장님이 만나고 싶어 하니 찾아가란다

날마다 주가가 올라가는 이때
자기만을 위해 나를 팔다니 정말 야속해 가기 싫은 걸 갔다

그러는 게 아니지 빼앗다시피
최고가에 오르면 그 가격으로 사주겠다 해야지 머슴의 것을

나는 그 당시
스카우트 신청이 여기저기서 들어오고 현금도 필요치 않은 상황

왜 버티지 못했는지
"저를 믿으세요 팔든 안 팔든 이 주식은 회장님 편이니까"

넘긴다 해도 왜 최고시세 요구를 못했는지
5천만 원 적기나 하나 늘 속이 쓰렸는데 이제 좀 풀리는 기분이야.

2016. 8. 5

돌이켜 본 아차 실수 6

여섯 번째 아차실수는
14년차 전무 시절 아침 조회 훈시에서 말이 딱 막힌 실수다

사장 부사장이 지켜보고
전사원이 나열해 서 있는 자리에서 5분 정도 훈시는 늘 부담

공돌이가 아무 문제없이 잘 해 왔다
제목을 정하고 철저하게 자료를 수집해 명문장으로 부드럽게

집에서 술술 외웠지
구어체로 즉석에서 하는 말투로 여유 만만하게 내 깐에는 만족

잘나가다가 끝날 즈음 말문이 딱
단 한 번의 오류도 없이 수십 번 잘 해온 게 덫이 될 줄이야

머리가 하얘진 지 한참

서정해 총무이사가 다가와 "괜찮으시냐?"고 물어 그냥
내려왔다

오만 아주 오만이었다
나이는 먹어가는 데 메모지 한 장 들고 올라갈 것이지 뭐
잘났다고

얼마나 자존심이 상했으면
시시콜콜 얘기하는 내가 이 사건은 이제 처음으로 아내
가 알았다니

강연은 나의 트라우마
베스트셀러 작가로 TV출연 요청을 번번이 거절하기까
지에 이르렀다.

2016. 8. 6

돌이켜 본 아차 실수 7

일곱 번째 아차 실수는
맏아들의 첫 결혼 상대 규수를 적극 반대한 실수다

집안은 全州 李씨 양반
서울대 나온 재원에 형부는 서울대 하버드대 순구 선배

중매는 다름 아닌 형부
아버지는 한화그룹 상무이사라 너무너무 완벽한 조건

가장 중요한 종교까지 유교
결혼을 시키려고 마음을 굳히고 있을 때 의외의 문제에
봉착

색시 측의 결벽증일까
해방 후 자기 할아버지 대에 남로당으로 부역한 사실을
고백

당시만 해도 연좌 죄가 존재
잘난 아들 앞길 막힐까 걱정 되어 여기저기 의견을 물어
본 게 화근

부산 김영환 사돈은 펄쩍
미전향 빨갱이 사위 노무현도 대통령이 되는 세상이 올 줄 몰라

인간의 탐욕은 무지로 이어져
종북 빨갱이들도 우쭐대는 세상인데 무슨 문제가 된다고 반대만

심한 고통을 주어 너무 너무 미안
자식이 결혼 하겠다면 딱 한 번만 조언하렴 종교문제가 아닌 이상.

2016. 8. 7

돌이켜 본 아차 실수 8

여덟 번째 아차 실수는
장인어른이 운명했을 때 收屍를 못해 드린 실수다

2007. 10. 11. 14：00
95세로 돌아가시기 전 병문안을 하고 나오자마자 부랴부랴

자식이 넷이나 되지만
운명자식 한 명도 없이 홀로 쓸쓸히 떠나신 것도 슬픈데

한참 후 응급차가 오자
침대차로 차에 실어 서울대 병원으로 가 처남들과 합승했지

요양병원 침실에서 안 해
내려가 하려나 해도 안 하고 대학병원엘 도착하면 하겠지 했는데

웬걸 영안실에 도착하자마자
냉동고 문을 열더니 덜커덕 집어넣는데 "아니 잠깐만"을 놓치다니

너무 믿었다 수시를 안 한다는 건 상상도 못해
염습(殮襲)을 하는 데 다리가 구부러진 채 펴지지 않아 차마 보기가

예전 장례 시스템은 다 무너져버려
진행하는 측에서 요구하지 않으면 둘둘 말아 태우거나 묻는 시대

주위에 신신당부를 한다
다시는 이런 어이없는 일이 벌어지지 않도록 아직도 죄송스런 실수.

2016. 8. 8

돌이켜 본 아차 실수 9

아홉 번째 아차 실수는
늘 청춘인 줄 알고 욕심을 부리다가 패혈증에 걸린 실수다

2011. 8. 19은 내 제삿날이 될 뻔한 날
패혈증이 무엇인지 얼마나 무서운지를 전혀 알지 못한 채

나라고 명시 하나 남기지 못하리
열심히 공부에 조각 건강 위해 뜨거운 한여름에도 하루 2만 보씩

몇 달을 계속하다 보니
몸이 반란을 일으켰다 도저히 배길 수 없어 차라리 죽음을 달라

기적에 기적적으로 살아났으나
다가온 봉와직염의 기나긴 입원에 따라온 발목뼈 염증 수술

지팡이를 짚어 운동 부족이지만

무슨 일 있으랴 싶었는데 2013. 5. 15 건강검진에 췌장
암 의심

2013. 6. 4일 암 대수술
간이항암치료를 받던 중 간으로 전이 2014년초 두 번째
사형선고

어느 의사고 틀림없이 죽는다는 사람이
2014년 지독한 항암치료를 견뎌내니 병원마다 놀랄 정
도의 기적

좋은 시를 남기겠다는 탐욕을 부리다가
무리를 해 죽을 고비를 두 번씩이나 불러오는 큰 실수를
하다니.

2016. 8. 10

돌이켜 본 아차 실수 10

열 번째 아차 실수는
인사동 큰 길을 걷다가 똥을 싸며 지나간 있을 수 없는 실수다

지독한 항암 치료는 상상을 초월해
무엇을 먹고 어떻게 소화시키고 잘 쌀 수 있느냐가 심각한 문제

손목과 발목 아래는 마비되어 있고
자다 일어나 화장실을 가려면 엎어지고 꼬꾸라지고 일어나지 못해

변의를 느끼는 순간 나와 버려
대변을 안 보았을 때는 항상 기저귀를 차고 있어야 하는 비상사태

기억하기도 창피한 2014년 9월 어느 날
집에서도 사무실에서도 일을 보아 점심 먹고 오기에는 충분한 날

바지 안에는 팬티 하나만 달랑

인사동 먹거리골목 가회물산에서 홍어찜을 먹고 나올 때도 멀쩡

네거리 쪽으로 반쯤 왔을 때 갑자기 변의가
쪼그리고 앉을 수도 철퍼덕 앉을 수도 119를 부를 수도 대책 없어

지팡이를 짚고 뚜벅 뚜벅 난 소나 말이다
주위에 신경을 쓰지 않고 걷고 걷다 보니 싼 곳도 싸는 것도 지나

아무리 중환자라 해도 해선 안 될 짓을
일 년 이상 인사동거리를 가지 못한 양심의 가책을 느낀 큰 실수.

2016. 8. 11

돌이켜 본 아차 실수 11

열한 번째 아차 실수는
감기 몸살기가 있는 날 IQ테스트인 줄도 모르고 슬슬 푼 실수다

1학년 들어가자마자 김동진 담임
시험지 같은 걸 나눠 주며 시험도 아니니 아는 것만 슬슬 쓰면 된단다

몸 컨디션도 나빠 스적스적 천천히
풀다 보니 시간이 다 되었다 해서 냈는데 나중에 결과를 반에서 발표

사실 나는 촌놈이라 그런 테스트가 있는 줄도 몰랐는데
담임이란 게 적당히 편하게 쓰면 된다고 해놓고 성적은 왜 공개를 해

머리라면 둘째가라면 까무러칠 내가
만족하지 못하는 성적을 받아 만회할 기회도 없고 이를 갈 수밖에

병역 재검사에서 다행히 기회가 와 정신 똑바로 차리고 풀었더니
판정관이 묻지도 않는데 "자네 IQ가 150으로 월등히 높아 놀랐네"란다

반에서 한 번 떨어진 명예회복은 안 되지만
나로서는 1학년 통틀어 나온 최고점보다 훨씬 높아 두고두고 자위했지

우리 아이들이 나 같은 실수를 면하게 하려고
미리미리 중요성을 알려주고 최선을 다하도록 해 150이상 155도 있어

김동진 담임이야 긴장하지 않게 하려고 한 일이겠지만
아무 것도 모르는 시골 출신이 많은 상태에서 큰 오점을 남긴 결과이다

선한 수학 선생이 내게 회복 불가능한 치욕을 안겨 준 웃지 못할 실수라.

2016. 9. 21

제 4 부

돌이켜 본 착한 인연

돌이켜 본 착한 인연 1

첫 번째 착한 인연은
6.25동란 피난을 잘하게 해 주신 외할아버지와의 인연이다

李熙英 외할아버지
비록 내 어려서 돌아가셔 몇 번 뵙지 못했지만 큰 은혜를 입어

세 살 때인가
외가엘 갔는데 바로 태어난 송아지가 귀여워 졸졸졸 따라다니니

"녀석이 송아지를 퍽 좋아하니
저 송아지를 두현이한테 주도록 해라" 하신 게야

암송아지는 남에게 키우게 해
자라 새끼를 낳으면 기른 값으로 주고 에미 소는 받아 도지를 주니

일 년에 벼 몇 가마 받아오고

또 새끼를 낳으면 다시 남에게 주어 기르게 하는 식으로
돌고 돌아

10년이 지나 전쟁이 터졌을 때는
큰 소 두 마리가 집에 들어와 있어 운반수단도 호구지책
도 해결

땅이 있어도 집이 있어도 지고 갈 수 없는 길
50년대 피난길에 크나큰 재산은 소였으니 어찌나 고맙
고 고마운지

끔찍한 전쟁을 예견하신 건 아니겠으나
주신 송아지가 우릴 살려줄 줄이야 이보다 더 착한 인연
있으랴.

2016. 8. 12

돌이켜 본 착한 인연 2

두 번째 착한 인연은
왜정시대 최고의 지성으로 나의 멘토인 삼종숙과의 인연이다

삼종숙 韓基駿 아저씨는
왜정시대 경성제대 법과를 俞鎭午씨와 단둘이 들어간 수재

배재학교에서 수많은 영재를 배출한 교육자
우리 고향 노숲에서는 대통령이라 부를 정도로 존경받던 인물

서울에서 가끔 내려오시면
할아버지를 뵙고자 밤계에서 장남이까지 걸어와 뵈올 수 있었지

내가 서너 살 때 거울을 쳐다보며
입아입아 빨리빨리 커라 화로도 집채도 달도 해도 삼킬 수 있게

이 말을 들은 주위 사람들이 놀라

아저씨 귀에 들어갔는데 "그놈 큰 인물이 되겠군" 하셨다니

말을 해 놓고 나도 너무 했나 싶어
떨떠름하던 차에 의외의 아저씨 말에 용기백배하기에 이르렀지

내가 돈이 없어 명문 인문고를 포기하고
교통고를 택한 걸 애석해 하면서 차관까지는 할 수 있다고 위로

특별장학생으로 외국유학까지 시켜준다는 홍익대를 가겠다니
단호히 그건 안 돼 서울대를 가라 해 오늘이 있게 된 착한 인연.

2016. 8. 13

돌이켜 본 착한 인연 3

세 번째 착한 인연은
첫 만남에서 당신 딸 중매를 약속한 장인어른과의 인연이다

辛大敎 장인어른
아버지 선린 동기 동창이신 대성목재를 1966년 초여름 찾아갔다

아버지가 남긴 동창회 명부
피난길에도 고이고이 간직해 내 자립하는 날 찾아보리라

여름 방학 때 선린을 방문
동창회 명부를 하나 사서 인천 오는 기차 안에서 펼쳐보니

대성목재 전무이사 신대교라
곧바로 가 정문에서 아버지 함자를 대고 그의 아들이라 하니

아주 아주 반갑게 들어오라신다

허리 굽혀 인사를 드린 다음 앉자마자 내 이름을 들었다는 것

대학 2학년 때 물리화학 강의를 한 金容駿교수가
대성목재 고문이라 사윗감 소개를 부탁했더니 나를 천거했단다

즉석에서 당신 딸을 만나게 해주겠다 했지만
장모님의 반대로 위기 "옆집 처녀 믿다 장가 못가겠네요"라고 해

간신히 간신히 맞선이 성사
그해 12. 18일 만나 다음해 5. 30 결혼하니 일생일대의 착한 인연이라.

2016. 8. 14

돌이켜 본 착한 인연 4

네 번째 착한 인연은
어려운 시기 큰형님 역할을 잘해 준 재종형과의 인연이다

띠 동갑에 잘 생기고 키도 커
"나중에 나도 저 형만큼 클 거야"라고 할 만큼 좋아했다

6.25때 제과공장에 다니다가
의용군에 끌려가 장교로 임관 퇴각할 때 원주서 탈출

경찰에 들어가 서울서 근무
누나가 시집갈 때 손잡고 들어가고 내 결혼식 때도 주관

내가 첫 직장에 면접하러 갈 때
한영양복점을 데려다 주고 넥타이 매는 법도 가르쳐 준 형

무엇보다 고마웠던 건
어머니가 암 투병 할 때 사흘돌이로 병문안을 와 주고

운명하실 때도 함께

장례를 치르는 일도 바쁜 시간을 쪼개 몸을 아끼지 않아

너무 너무 열심히 근무하다
서대문서 형사반장 때 과로로 쓰러져 순직한 아쉬움을 남겨

받은 은혜 갚을 길 없어
산을 마련 길지를 택해 이장을 해 드린 게 고작인 착한 인연.

2016. 8. 16

돌이켜 본 착한 인연 5

다섯 번째 착한 인연은
자상한 외사촌 누님과 재테크를 시작해 준 매형과의 인연이다

李鎬明 외사촌 누님과 安一柱 매형님
어머니가 가장 좋아했던 피붙이 친정조카딸로 서로 정이 깊었다

어려서 근친 올 때 가져온 엿을 먹은 기억
6.25때 북괴에 납치 황해도 농업연구소 책임자로 있다 탈출한 매형

이야기에 이야기는 꼬리를 물어
경기도 광주 부자로 태어나 장가들러 왔다가 애를 먹었다는 일화도

내 약혼식에도 인천까지 와 참석해 주고
사촌시누이한테 색시감 부탁을 해 김용준 교수 귀에 들어가게 한

나는 재테크에 많은 도움을 받아

시골재산을 처분 진로에 사채를 놓을 때 張學燁 회장도 소개해 줘

적은 돈으로 부동산 투자를 하지 못할 때
당신이 하는 데 한몫 끼워 주어 중요한 시기를 놓치지 않게 되었다

서울 농대 출신으로 보인상고 교장을 역임
이북에 납치됐다 도망을 나온 쓰라린 경험을 안고 살아야 했지만

시간만 나면 들르고 매년 세배를 가다 보니
아주 가까워져 안사장 노인의 반기던 모습이 생생한 착한 인연이라.

2016. 8. 17

돌이켜 본 착한 인연 6

여섯 번째 착한 인연은
발로 뛰어 재산증식에 크게 도움을 준 처 외당숙과의 인연이다

처 외당숙 洪龍杓 아저씨
보성전문을 나와 대전피혁 경영에 실패해 친구 복덕방에 계시던 분

1912년생 고학력 최고경영자 출신인 넓은 식견의 소유자
고령에 몸도 불편했지만 자기 의무를 다하려 아주 성실히 뛰었다

나는 휴일도 없이 바쁜 몸
아내는 아이 기르느라 눈코 뜰 새 없던 시기에 바로 땅값이 움직여

하루 열심히 돌아다녀 얻은 정보를
저녁에 보고를 받아 즉석에서 결정과 방향 제시를 하면 다음 날 뛰고

손발이 척척 너무 너무 잘 맞아

나는 한 번 가 보지도 않고 대부분 땅을 사고팔았지만 아
무 탈 없어

한 번은 우리 셋이 지방을 가는데
“길 떠나다 누굴 만나면 도로 들어가는지 아는가”라는
질문을 받고

“그야 장님이지요”라니까
“아니야 포수를 만나는 게 가장 재수가 없다네”라는 얘
길 들었고

커서 돈 벌면 포수가 될 거라는 꿈을 접었다
돌아가시고 나니 얼마나 귀중한 분이었는가를 느끼게
한 착한 인연.

2016. 8. 18

돌이켜 본 착한 인연 7

일곱 번째 착한 인연은
한 학기 일찍 사회에 진출하는 나를 이끌어 준 교수님과의 인연이다

과주임 禹範植 교수
나를 끔찍이도 아껴주시던 분이라 진로에 적극적으로 나섰으니

내가 원하는 수도권에 있는 가공공장
당시 기업체가 별로 없던 시기라 인천에 위치한 동인염색가공(주)뿐

한 학기 일찍 학점을 수료하고
일일이 계산을 해 과수석임을 과시해 경방파견 金丙運 사장께 소개

동일방직 가공공장이다가
경방과 합작해 주식회사를 만든 후 첫 사장으로 부임한 대선배인

어렵지 않게 받아들여

바로 여름부터 실습에 들어갔고 나는 자연스레 경방편 사람이 됐지

정치성이 없던 순수한 분으로
공대에 오시기 전 배재에서 한기준 아저씨와도 인연을 맺었던 터라

세배하러 가면 아주 좋아해
속마음까지 다 털어놓을 만큼 가까이 지낸 사이였는데

영남대 명예공학박사 학위를 받으시고
그리도 흡족해 하시더니 좀 더 사시지 않고 떠나간 착한 인연이라네.

2016. 8. 19

돌이켜 본 착한 인연 8

여덟 번째 착한 인연은
까다롭기로 이름난 鄭在旭 선배가 나를 끝까지 믿고 이끌어 준 인연이다

내가 실습을 가 보니 서울공대 출신이
金丙運사장 金儀極전무 金仁圭부장부터 줄줄이라 내가 열 번째 막내

1933년생 정재욱 공대 7년 선배는 그 당시 과장
말수가 적고 묵묵히 일만 열심히 하는 접근하기가 매우 어려운 분이었다

회사 시설은 정련표백은 로프식 염색은 직거로 완전 비연속식
자랑할 만한 시설은 실켓기이고 방축가공 SD기는 국내 유일 위탁가공도 해

당시 군 복지 염색가공을 주로 하느라 24시간 풀가동
다른 회사에는 SD기가 없어 우리 회사에 보내 마무리작업을 해야 했다

염색가공업은 걸음마 단계라 어려움이 많아 동일방 염색공장은
경방과 합작 동인염색가공으로 다시 일신방을 끌어들여 중앙염색가공으로

동일방 염색공장에 입사한 정 선배는
파란만장한 회사 변천사 중심에 꿋꿋이 서 견디며 키워낸 명실상부한 대들보

누구에게나 바위같이 단단해 좀처럼 틈을 안보여 주던 선배가
내가 호랑이 전무로 이름난 김의극 전무의 신임이 두터워지자 차차 문을 열어

어려운 세월이 흐르다 보니 의기투합
수많은 선배도 후배도 다 사라지고 정 사장과 한 전무 공장장 체계로 굳어져

정말 정말 그렇게 일에 충실한 사람은 일찍이 보질 못했다

성실성과 능력을 인정받아 최초로 사내 사장으로 취임
나도 두 번째로 이어

선배가 동방 측 사장 나는 경방 측 사장을 역임했지만
우리에게는 편 가르기가 없이 서로 당기고 밀어주는 착
한 인연이었다.

2016. 8. 20

돌이켜 본 착한 인연 9

아홉 번째 착한 인연은
회사를 이전 최고최대의 염색가공회사로 만든 오창균
사장님과의 인연이다

1913년생 吳昌均 사장
보성전문을 나와 경방공장장을 역임 후 전무이사로 부
임해 사장까지 잘 하신

회사의 가장 큰 숙제는 확장이전
경동방이 일신방을 20%로 끌어들여 중앙염색가공(주)로
만들어 자금을 마련

박정희 대통령의 산업혁명 시대라
적은 돈으로 힘겹게 10배나 큰 부지에 새로운 시설을 도
입해 의정부로 옮겨

비좁은 터 비연속시설은 많은 문제점을 안아
좋은 품질도 대량생산도 할 수 없어 국내 최초로 연속염
색가공을 하게 된 일

정말 배울 점이 많고 많은 것을 전수해 준
공장을 건설할 때 추진력은 누구도 따라갈 수 없을 만큼
시원시원한 불도저

소탈한 성격에 친화력이 뛰어나
외교능력도 돋보여 일본 유수한 大和染工과 저렴한 기술지도를 이끌어내어

1968년 내가 처음으로 金周煥 과장과
2개월간 해외연수를 다녀와 생산책임을 전담하게 된 계기를 만들어 준 분

맨땅에 현대그룹을 이루어 놓은 정주영을 닮았다 할까
자본부족으로 마스터플랜대로 못하고 1차 2차 3차 단계적으로 증설한 어려움

건설을 논의하다 의견대립이 생기면 당신 주장을 우기다가도
이튿날 출근 즉시 불러 한 과장 자네 말이 맞았으니 그렇게 해 하는 솔직함

직장상사 중 정이 많이 가는 분은 드물어 매년 세배를 가 서로서로 즐긴 인연.

2016. 8. 21

돌이켜 본 착한 인연 10

열 번째 착한 인연은
괴팍하기로 정평이 나 있는 양승현 사장님과 회사문화
를 꽃피운 인연이다

1923년생 서울상대 출신 梁昇鉉사장님
책상 고무판 밑에 참을 忍자를 써놓을 만큼 불같은 성격
을 지닌 분

미워하는 사람도 많았지만
아주 많은 일을 해 마치 정조 임금처럼 회사를 진흥시킨
중흥조이다

회사를 상장한 것도 신협을 만든 것도 매달 종업원 생일
잔치를 연 것도
예비군 간호소대를 만들어 응급처치대회에 나가 경기도
1등을 한 것도

여사원 합창단 설립 경기도 경연대회에서 1등 MBC방송
출연 입상한 것도
매주 꽃꽂이 강습 실시도 사원들에게 일본어 강습을 시
킨 것도

연말 부부동반 간부망년회를 가진 것도 매년 사내체육대회를 개최한 것도
국내 최초로 활성오니법에 의한 폐수처리를 해 각광을 받게 한 것 등등

아이디어맨 양승현과 한두현이 죽이 잘 맞아
한때 오일쇼크로 힘든 걸 제외하고는 회사도 승승장구하던 시기라

산업훈장이 정재욱 선배가 아닌 나에게 돌아오게 한 것도
내가 주주 3사를 통틀어 30대 최연소 중역이 된 것도 그분의 덕이라네

경방에서 파견되어 동방 측 申夏植사장 밑에서 부사장 4년
바통을 이어 받아 사장 4년 통틀어 8년간 실권자로 참 많을 일을 했다

우리 회사는 양 사장님이 활동하기에 딱 맞는 회사였고

나 역시 최고의 신임을 받고 있던 터라 마음껏 능력발휘를 하게 돼

정말 정말 꿍짝이 잘 맞아 우리 회사문화를 찬란하게 꽃피운 착한 인연이었다.

2016. 8. 23

돌이켜 본 착한 인연 11

열한 번째 착한 인연은
아주 어릴 때부터 오시기만 바랐던 하나뿐인 고모부와의 인연이다

큰댁이 왁자지껄 소란하고
닭을 잡으러 이리저리 뛰는 날이면 틀림없이 宋彙林 고모부님이 오신 거야

부랴부랴 어머니는 하던 일을 멈추고 달려가
두른 앞치마를 풀고 손아래 시누이 남편과 맞절을 꼭 하는 게 퍽 인상적이었지

닭을 잡아 사위대접을 한 다음
30여 리 길을 달려온 자전거 꽁무니에는 반드시 안사돈 몫 닭이 매달려가니

"우리 집 살쾡이 잘 다녀왔나" 하셨단다
오실 때는 당시 귀했던 노트니 연필이니 학용품이 따라오니 더 기다릴 수밖에

내가 중학교 다닐 때는 국어 선생님

졸업 전에 서울로 이사해 고등학교 시험 볼 때 숙식을 해결해 주어 신세를 졌지

고등학교 입학하고 10여 일 이사가 늦어질 때
고모가 밥 못 먹여준다 해 할아버지도 난감 딴 일가에 있으려 가 한 밤 자고 나니

이튿날 고모부가 알고 교통고로 찾아와 어찌나 화를 내시는지
나와 錫鉉이는 그 길로 이불보따리를 들고 흑석동에서 행당동으로 오며 고마워했지

할아버지는 늘 만족해 "法 없이도 살 사람"
"補妻子 잘 하니 이보다 더 좋은 사위는 없다"고 극찬을 하신 내가 만난 최고의 선비

내가 어머니 死甲에 석물을 해 드리려는데
벼슬도 없는데 비문에 무얼 쓰느냐는 시대에 훌륭한 문장을 써 주신 너무 큰 은혜 입어

베스트셀러가 된 책에 은사로서 평을 해주고 돌아가시기 직전에 찾아뵈니
"전엔 장인어른의 사랑을 받다가 돌아가시니 한 사장의 사랑을 듬뿍 받다 가네"라고

파킨슨병으로 돌아가시면서도 노트에 또박또박 써 보여주신 착한 인연이라네.

2016. 8. 25

돌이켜 본 착한 인연 12

열두 번째 착한 인연은
산소를 찾아 10신조를 조성하는데 특등공신인 한기효 아저씨와의 인연이다

1922년생 韓基孝 아저씨
서평부원군 현손에서 갈라진 셋째 댁 자손으로 여주 강촌면 사시다 상경한

내가 종친회 부회장일 때
서평할아버지 不祧之祀에서 처음 만났으나 할아버지와는 친분이 많았던 분

실묘 직전에 있는 조상산소를 찾겠다니 흔쾌히 발 벗고 나서 고령임에도 나보다도 산을 어찌나 잘 타시는지 감탄

탈 없이 묘 자리를 1,000여 기나 보신 지관경력이 아니었다면
족보 하나에 매달려 나무가 울창한 산속에서 산소를 찾기란 아주 아주 어려워

강원 경기의 이산 저산을 수십 번 오르내리면서도 안 되면
산지기나 성묘했던 분을 찾기도 하고 고생고생을 마다 않는 열정을 다 하니

하늘도 무심치 않아 일을 성사시켜 주어
잃어버린 조상님은 한 분도 안 계시게 되어 마련한 산에 천상의 마을을 마련

성묘를 하고 해마다 시월상달에 시제를 올리니
정말 정말 아저씨가 아니었다면 누구도 이룰 수 없었던 크나큰 경사 중 경사

깨끗한 성품에 대쪽 같은 보기 드문 선비로
일에 대한 열정까지 겸비하시니 나의 오래된 소원을 이루게 해 주실 수 있어

거기다 할아버지 생가 댁 조상까지 찾아 주시니
너무 너무 고맙고 고마워 좀 더 사셨으면 좋으련만 떠나가신 착한 인연이어라.

2016. 8. 27

돌이켜 본 착한 인연 13

열세 번째 착한 인연은
대원군 때 우의정을 지내신 韓啓源할아버지 종손 한만운 형과의 인연이다

1924년생 韓萬運형님은
서울대 이학박사 고려대 교무처장 항공대학 학장을 역임한 화학계의 거목

고등학교 입시 때 할아버지가 데리고 가신 네 번째 집
첫 번째는 한기준 두 번째는 한기열 세 번째는 한기봉 마지막은 한만운

행당동 고모댁에서 아침을 먹고 슬슬 걸어서 당내일가를 찾아
숭인동 창신동을 들른 다음 돈암동 성북동을 거쳐 돌아오는데 빼빼 굶어

꼿꼿한 성격의 할아버지는 밥 때를 피해
어디를 가도 대접받는 일이 없으니 돌아올 때는 눈이 퀭하니 들어가고

서울생활을 할 때 찾아 볼 일가를 소개시켜 주신 노고라
뜻을 받들어 나는 한 해도 거르지 않고 이 네 일가어른을
찾아 세배했다

만운 형은 독특해 세배를 악수로 대신했지만
아주머니는 텃도지 받으러 시골에 오시던 분이라 반겨
주시던 덕 있는 분

형수님도 갈 때마다 과일과 차를 내와 융숭한 대접을 해
주시고
큰누님은 趙炳憲병원으로 太吉 누님은 내게 많은 도움
을 준 은인이시다

아주머니는 내가 세배를 갔다 온 다음 바로 돌아가셨는
데도
연락을 해 주지 않아 마지막 길에 인사를 못 드려 아주
죄송 죄송할 뿐

넷째 마지막이지만 음으로 양으로 내 도약의 발판이 된
착한 인연이어라.

2016. 8. 28

돌이켜 본 착한 인연 14

열네 번째 착한 인연은
우리 노숲 청주한씨의 중심 역할을 잘 하신 한만년 형과의 인연이다

1925년생 韓萬年형님은
보성전문과 서울대 정치학과를 나와 대한출판문화협회 회장을 오래 역임 발전시킨 분

조계사 건너편 일조각 출판사 사장 사무실은 2층
3층을 판관공파 종친회사무실로 내어놓았으나 문정공파 문간공파 자손들의 모임 터

내가 은퇴하여 마련한 종로오피스텔이 부근이라
시간이 날 때마다 형님도 만나고 종친회 사무실도 들르게 되니 아주 가까워져 점심도

수많은 종친어른들을 만나는 계기도 되어
나는 큰 노력 없이 문간공파종친회 주목을 받기도 했지만 종사는 원하는 바가 아니라

별세 후 당신이 맡고 있던 판관공 종친회 회장직을 내게

물려주려 돈암공파 한기준 족숙 및 한만익 등과 함께 저녁자리까지 마련 기정사실화

형님 심복이었던 한만익이 탐욕을 부려
배신을 해 차지하고는 일을 제대로 못해 중도 탈락을 하는 해프닝을 일으키기도 해

큰아들 순구를 데리고 세배 갔을 때
하버드대엘 가려면 영어공부를 어떻게 해야 한다고 구체적으로 가르쳐 준 고마움

처음에는 兪鎭午박사의 사위로 유명해졌지만
고품격의 출판사 一潮閣을 일으키고 예술원회원 등 사회에 두각을 나타낸 인물로 우뚝

4남 1여가 서울대 출신에다 경구 승미는 순구 하버드 동문
성구 준구는 서울의대 교수 특히 韓準九는 어려운 일이 있을 때마다 신세를 많이 져

칠순잔치는 가족모임으로 했는데 특별히 우리 부부를 초청해 준 자상함
집안의 기둥역할을 잘 하시다 일찍 가시니 고향의 장지까지 따라간 착한 인연이어라.

2016. 8. 29

돌이켜 본 착한 인연 15

열다섯 번째 착한 인연은
언제 만나도 마음이 편해지는 인자한 백응철 사장님과의 인연이다

1927년생 白應哲 사장님
동방측 金正錫 사장 시절 경방측 부사장으로 부임해 어렵게 견디어 낸 후

사장으로 승진 만만치 않은
鄭在旭 부사장 및 동방측 池祥珍 부사장 일신측 崔淳平 전무를 거느린

부사장 시절 가장 뇌리에 남는 것은
경방이 50%이상을 확보하는데 극비로 발 벗고 나서 성취시킨 업적이다

그 일로 인해 입장이 난처해진 김정석 사장이
수시로 점심식사 후 나와 산보를 잘 하다가 내게 심하게 화를 내기도 한

사장 4년간 화목을 우선시하여

기가 센 부사장 둘 전무 둘의 아옹다옹 하는 상황을 슬기롭게 넘긴 지혜

나와는 비밀이 없는 동기간 같아
점심을 먹고 거의 날마다 산보를 하면서 많은 애기를 해 쌓인 정으로

은퇴 후 종로에 있는 내 사무실에
빈번히 오시다 보니 사회에 나와 제일 가까이 지낸 분으로 기억된다

또한 진성섭 사장 및 이민의 사장 같은
좋은 분들까지 소개시켜 가끔씩 네 사람이 함께 모이는 훈훈한 자리도

별세 전 서너 해 동안 질병으로 못 만난 아쉬움이 남는 착한 인연이라네.

2016. 9. 4

돌이켜 본 착한 인연 16

열여섯 번째 착한 인연은
금방이라도 문을 열고 들어오실 것 같은 교통고 은사 김주석 선생님이시다

역사를 가르친 金柱錫 선생님
가장 뇌리에 남는 건 1957년 10월 4일 소련이 인류최초로 인공위성을 발사하자

입에 거품까지 물어가며
스푸트니크1호 성공이 가지는 기술력 역사성에 대해 상세히 설명을 해준 기억

대학진학 후 학업에 열중하느라
까맣게 잊혀져 가는 어느 날 내가 근무하는 회사로 불쑥 찾아오니 놀랄 수밖에

위장이 나쁘다시며
단 한 번의 식사대접도 받지 않아 으아 했지만 가식이 아닌 진실임을 알게 돼

우리가 졸업 후 학교에 남지 않고
우수한 여러 공립학교를 전전하며 교장 교감 등을 역임한 경력의 소유자였다

첫 직장이라 그랬던가
교통고등하교 출신들의 소식통이라 할 만큼 발로 뛰어다니며 만난 특이함

내 직장에도 몇 번씩
은퇴 후 종로사무실에도 불쑥불쑥 국화빵도 사들고 찾아오신 정 많은 선생님

내 저서 중에는 특히
뿌리교육해법을 애독하시어 틀린 부분이 있으면 교정까지 해 주실 만큼 정독

조문을 갔더니 삼형제 중 막내가 따라오며
"한 사장님이시죠? 어려움이 있을 때 누구와 상의할까요?" 라고 여쭈었더니

"한두현 사장을 찾아 조언을 구하라는 유언을 하셨다"고 아주 착한 인연이라.

2016. 9. 11

돌이켜 본 착한 인연 17

열일곱 번째 착한 인연은
고등학교 2학년 담임이었던 최종철 선생님과의 인연이다

崔種喆 선생님은
고려대 법과를 나와 교통부 과장으로 재직하다 교통고로 오신 분

고등학교 2학년에 올라가자마자
가래에 피가 부랴부랴 교통병원엘 갔더니 청천벽력의 결핵진단

휴학을 하라는 의사의 의견이지만
이미 2년이나 늦은 데다 생활이 곤궁하여 하루속히 취업을 해야

최 선생님께 상담을 신청
저녁 늦게까지 펑펑 울어가며 상의를 해 다니며 치료하기로 결론

한 해도 거르지 않고

새해인사를 드리게 된 계기가 되어 인간적으로 가까워진 분

법학개론 강의를 맡으셨는데
내 답안에 만족해 법대를 가면 고시를 합격할 텐데 라며 아쉬워 한

덕망이 높아 존경하는 제자가 많았고
내가 재직하던 회사에 조카가 입사해 돌아가신 후에도 소식을 들은

법대를 나왔으나 고시가 어려운 시기라
뜻을 이루지 못해 변방으로 밀린 삶이 철학자로 만든 착한 인연.

2016. 9. 13

돌이켜 본 착한 인연 18

열여덟 번째 착한 인연은
일생을 통해 내가 가장 존경해 마지않는 은사 중의 은사
김노수 교수님이시다

1926년생 띠 동갑 金魯洙 선생님은
서울공대 섬유공학과를 나와 미국에 수학한 후 본교 교
수로 염색공학을 가르치셨다

내가 방적이나 제직이나 편직보다
연구 발전할 가능성이 많을 것이라는 생각에 염색가공
을 전공한 때문일까

꼿꼿한 선비타입에 끌려서인가
내가 따르던 우범식 교수의 중학교 제자이시기도 해서
인가 아무튼 좋아했다

한 해도 거르지 않고 1월 1일에 세배를 가니
너무 부담스러워 하시며 그만 오라시더니 어느 해는 집
을 비우시기까지

그러신다고 포기할 내가 아니니

결국 해마다 뵙게 되고 회사에도 여러 번 은퇴 후 사무실에도 여러 번 오신 열정

스승의 달인 5월 삼소회 모임에도 몇 번 초대한
제자들이 우러러 마지않는 요즘 보기 드문 따뜻하고 애정 어린 사제지간이다

그렇게 자신의 일처럼 좋아하실 수 없다
책을 쓰면 책을 조각을 하면 조각을 시를 쓰면 시를 혈육보다 더 절실히

특히 시로 쓴 자서전 서원의 길 서문은
어떻게 그리도 상세히 내 일생을 파악 분에 넘치는 글을 받게 되어 몸 둘 바 몰라

너무너무 순수한 영혼을 지니신
다시 태어나셔도 교육자를 택하실 만큼 후진 양성에 심혈을 기울이신 분

현재 91세시라 바깥출입에 부담을 느끼시는 데다가

내가 중병 후 거동이 불편하여 찾아뵙지 못하는 아쉬움이 많은 선생님

부디부디 100수를 하시어 우리의 희망으로 남아주시길 바라는 착한 인연이어라.

2016. 9. 14

돌이켜 본 착한 인연 19

열아홉 번째 착한 인연은
내 생애 처음으로 쓴 책을 출판하게 해 준 최준철 선배님과의 인연이다

1928년생 최준철 선생은
동아꿈나무재단 이사장을 역임한 언론인 차남 최정훈과 한순구는 선덕고 동기동창

내가 제3인생을 시작하면서
난생 처음 "자식을 부모의 팬으로 만들어라"를 썼으나
출판이 막막했다

일조각 한만년 형과 상의했으나
양을 반으로 줄이고 소개는 불가능 내 봐야 하루 만에 내려지는 책이 허다하다는

부정적인 얘기만 잔뜩 듣고 의기소침
아내가 동아일보에 계신 분이 있으니 원고를 달라 해 반신반의 하며 주었더니

읽어봤는데 내용이 참 좋아
꼭 세상에 나올 수 있도록 해주겠다는 선선한 답변을 듣고 신바람이 났지만

한 달이 가고 몇 달이 지나도 감감
마땅한 곳을 찾지 못했다는 답변만 되돌아와 거의 포기상태에 이를 무렵

동아일보 출신이 편집장으로 있는
나남을 찾아가라 해서 겨우겨우 출판의 기회를 얻게 되었는데 이게 웬일인가

책이 나오자마자 날개 돋친 듯 팔려
교보문고는 나남도 장난을 치나 의심 일주일간 주문을 중단했다는 일화도 있다

마침내 베스트반열에 이르니
우리 두 부부는 시간 나는 대로 만나 식사를 하며 기쁨을 나누는 사이로 살아왔다

나의 평생서원인 프로부모재단설립까지 부탁한 상태 지금은 큰 아들이 사는 대전으로 이사를 가셔 늘 그리워 하는 착한 인연이어라.

2016. 9. 15 한가윗날

돌이켜 본 착한 인연 20

스무 번째 착한 인연은
서울대 병원에 근무하면서 많은 도움을 준 한만청 형과
의 인연이다

1934년생 韓萬靑 형님은
서울의대 방사선학전공에 병원장까지 훌륭히 수행한 우
리 가문의 자랑

韓太吉이 누님으로부터 경방 사위 등 많은 얘길 들었지만
처음 만난 건 내가 서울대 입학해 결핵치료로 보건진료
소를 찾을 때부터다

당시 인턴으로 실험실 근무
가래 검사 등으로 자주 만나다 보니 자연스레 가까워져
흉금도 터놓게 되어

병에 관한 도움을 청하면
자기 일처럼 적극적으로 발 벗고 나서 해결해 주는 친절
함이 돋보이는 형님

송익섭 둘째 아들이 위독할 때
병원장의 힘을 발휘하여 총동원 신속히 어려운 원인균을 찾아 완치시켜 준

둘째 딸 지영이가 위험할 때에도
산부인과 과장을 직접 만나 자문을 청하고 처방을 받게 해 주는 은혜도 베푼

간암수술로 입원해 있는
아산병원엘 병문안을 가 "왜 여기냐"고 물으니 씁쓸한 표정을 짓던 게 생생한

다행히 암을 힘들게 이기고
"암을 친구로 삼아라"라는 책을 쓰고 매스컴을 타 유명해지기도 한 입지전적

내가 췌장암에 걸렸을 때도 상담
현재는 조카 韓準九가 바통을 이어받아 어려움이 있을 때마다 도움을 받는다

한 핏줄인 형이 이겨낸 암 나도 이길 수 있다는 자신감을 심어 준 착한 인연.

2016. 9. 16

돌이켜 본 착한 인연 21

스물한 번째 착한 인연은
생존률 5%상태까지 악화된 패혈증에서 살려 낸 김영삼 교수와의 인연이다

1966년생 김영삼 교수는
연세대병원 흉부내과전문의 순구와 안식년에 하버드대에 함께 갔다 온 사이

폐렴으로 해정병원에서 2개월간 치료해도 차도가 없어
아들소개로 처음 만났는데 조그마한 약 몇 개로 바로 낫게 해주어 놀란 기억

2011년 40°C가 넘는 고열인데 또 그 병원에서 시간을 끌어
앰뷸런스에 실려 갈 당시 중환자실 과장으로 밤을 새워가며 살려 낸 은인이다

자기의 아버지라면 덜 초조할 거라는 말을 할 정도
잘못 되면 어찌 친구 낯을 볼 수 있느냐며 울기까지 했다는 순수한 영혼

혈압이 50까지 내려가자 오늘을 못 넘길 거라는 생각에
친인척을 다 불러 인사 시키라 하고 나서 기적적으로 살아나니 웃음바다가 돼

목숨이 경각에 걸려 있을 때 살고 죽는 건
주치의가 얼마나 신경을 써 주느냐와 최고의 장비 및 치료약이 아주 중요해

어렵게 어렵게 살려 낸 의사에게
환청 환시 환각으로 퇴원시켜 준다더니 왜 一口二言하느냐고 항의를 해 곤란

자기는 그런 말 한 적이 없다고
나와 가족들에게 누누이 설명하느라 진땀을 뺀 에피소드까지 만들어 낸 실례

항암치료 다음 해인 2015년도에 두 번씩이나
응급차에 실려 가는 패혈증 발생 시에도 정성을 다해 완치시켜 준 고마운 분

좋은 일을 많이 해 쌓은 공덕으로 올해 중환자실 실장으로 승진한 착한 인연.

2016. 9. 17

돌이켜 본 착한 인연 22

스물두 번째 착한 인연은
암 중의 암이라는 췌장암 주치의로 나를 살려 낸 송시영 교수와의 인연이다

1958년생 송시영 교수는
연세대병원 소화기내과 췌장암전문의로 순구 하버드 선배 송이영 서강대 교수의 형

2013년 췌장암 판정을 받고
주치의를 정해야 할 바로 전날 밤 마침 해외출장에서 돌아와 주저 없이 택해

수술할 의사를 젊은 의사로 상의해 선정
고통스러운 과정이 지나니 너무 깨끗이 잘되어 항암치료는 생략해도 되겠단다

얼마 지나 아무래도 간단한 항암치료를 하자해
일주일에 일회 6개월 치료 후 CT가 완벽하던 게 몇 개월 지나 간으로 전이

의사들이 깜짝 놀라 허둥지둥
열 살이나 아래인 순구의 얼굴도 바라보지 못한 채 "죄송합니다"를 연발해서

"얼마나 사시겠느냐?" 물으니
2개월을 넘기기 어렵겠다 해서 서울대 국립암센터 등 묻는 데마다 똑같은 답

나는 전혀 눈치도 못 챘지만
중병을 자주 겪다 보니 들어갈 가묘를 서둘러 만들며 열심히 치료에 임했다

두 달이 가고 석 달 넉 달이 지나자
열을 올려 간호를 하던 딸 둘이 손을 떼고 자기 일로 들어가 나도 알게 돼

성진실 교수의 온열치료도 상승효과를 내어
반드시 가고 만다는 전문의들을 무색하게 점점 더 건강하게 잘 살아가고 있다

올해 의대학장으로의 영전을 축하하며
아직 마음을 놓지 못하는 주치의를 바라보며 껄껄 웃음으로 대하는 착한 인연.

2016. 9. 18

돌이켜 본 착한 인연 23

스물세 번째 착한 인연은
아내의 척추협착증을 깨끗이 치료해 준 윤도흠 교수와의 인연이다

1956년생 윤도흠 교수는
연세대병원 신경외과전문의로서 우리나라 최고의 척추 치료 명의이다

11년 전 아내가 잘 걷질 못해
서울대병원엘 갔더니 장 아무개 정형외과 교수가 휠체어 타고 그냥 살란다

전신마취 후 수술을 하려면
몸의 피의 양보다 더 많이 수혈을 해야 하므로 잘못될 수 있다고 겁까지

깜짝 놀라 여기저기 알아보는데 인터넷을 찾아보니
의사 100명에게 "당신이 척추수술을 하려면 누구한테 할 거냐"에서 단연 일위

부랴부랴 인맥을 총동원하여

윤도흠 교수와 연결되어 바로 수술에 들어갔는데 피 한 방울 수혈 없이 완수해

그때부터 나는 서울대병원을 의심
환자를 성심성의껏 치료하겠다는 의지 없이 책임질 일은 안 하려는 관료집단

내가 중병을 치르지 않았다면
아직까지 양호할 아내의 척추가 10년 만에 재발되어 지난해 윤 교수의 재수술

나이도 있고 재발된 거라
아주 좋은 상태는 아니더라도 조심조심 일상생활을 하고 있어 아주아주 다행

수많은 환자들의 고통을 덜어 준 공덕으로
올해 병원장에서 의료원장으로 영전한 우리 가족의 은인 중 은인의 착한 인연.

2016. 9. 19

돌이켜 본 착한 인연 24

스물네 번째 착한 인연은
어머니의 암 고통을 해결해 준 白衣의 천사 김경옥 군의 장교와의 인연이다

1934년생 김경옥 예비역소령은
강원도 춘천 출신으로 6.25전쟁 및 월남전까지 참전한 훌륭한 간호장교이시다

1968년 어머니 서울대병원 암 진단 결과
치료가 불가능하니 집에 모시고 가 봉양이나 잘하라는 사형선고를 받으니

가장 큰 걱정이 암의 무서운 고통
서울대병원을 비롯해 여기저기 수소문해 봤지만 약도 귀한 시기라 막막한 때

관음보살이 나타났으니
도봉동에 소재한 육군야전병원에 근무하는 김 간호장교와 연결이 된다는 소식

朱大明 매형님의 종제 朱大善씨가 함께 근무한 인연
돈을 주고도 구하기가 하늘의 별따기인데 선선히 돌아가실 때까지 무료공급

모르핀 약효가 처음에는 10시간 가던 게
차차 줄어 운명 직전에는 10분도 안가는 상황에서 끝까지 약이 떨어지지 않아

나에게는 이런 은인은 前無後無
어머니 돌아가시고 내 몸도 회사도 매우 어려운 시기라
갚아야지 하다가

정신을 차려보니 이미 미국 이민이라
생전에 가장 큰 은혜를 입고도 갚지 못하는 어리석은 사람이 되고 말았다네

다행히 아주 다행히 아직 미국에
생존해 계시다니 고맙다는 인사말부터 보내 잘못을 용서해 달라 빌어야 하리

어머니는 나의 전부 이 은혜 만분의 일이라도 갚을 길 열어준 착한 인연이라.

2016. 9. 24

돌이켜 본 착한 인연 25

스물다섯 번째 착한 인연은
패혈증 봉와직염 후유증 발욕창과 발목수술을 잘해 준
이진우 교수와의 인연

이진우 교수는 넉넉한 인품으로 환자를 잘 품어 주는
연세대병원 정형외과 족부전문의로 우리나라에 몇 안
되는 명의 중 명의이다

패혈증으로 중환자실에서 생긴 발뒤꿈치 두 개가 새까
맣게 썩고
발가락 몇 개도 썩어 도려내거나 잘라낼지도 모른다는
진단을 받아 겁냈는데

무려 3개월을 넘게 썩은 부분을 약으로 썩혀내
수술 없이 완치시키느라 그 부분이 닿지 않도록 늘 신경
을 쓰는 생활을 했다

발은 요행히 잘 치료를 하는 중
누구도 예측하지 못한 蜂窩織炎이 습격해 무려 두 달 넘
게 입원 항생제치료

정말 죽어버리는 게 낫겠다는 한계를 느낄 때쯤
퇴원해 가정치료를 받는데 발병한 지 5개월의 기나긴 세월도 무색하게 발목이

통증이 심하게 와 다시 입원 X-RAY도 M.R.I도 찍더니만
뼈와 뼈 사이가 만성염증으로 녹아 수술을 해야 한다니
회복기간에 병을 키워

난생 처음으로 몸에 칼을 대다니
전신마취에 살도 아닌 뼈에 수술이 끝나니 녹은 빈 공간엔 콘크리트로 메워

깁스에 목발 한 달만 하라더니
풀어 준다던 주치의가 말을 바꿔 반년 이상 더 차야 한다고 해 낙심천만한 기억

문제는 반년 더하고도 정상이 되었다면 몰라
틈새를 메운 콘크리트는 영원히 뼈와 화합하지 않아 만년 지팡이 짚는 장애인

기나긴 기간 내가 고통을 받은 만큼 주치의도 고생 고생한 착한 인연이어라
쌓은 공덕이 커 올해 세브란스병원 부원장으로 승진 축하 합니다.

2016. 9. 25

제 5 부

돌이켜 본 예쁜 추억

돌이켜 본 예쁜 추억 1

첫 번째 예쁜 추억은
1.4후퇴 때 공주에 도착 소 판 돈을 나누어 준 추억이다

1951년 작은 당숙가족과 함께
공주에 도착하니 남은 전 재산은 암소 한 마리

기를 수도 없고 돈도 없어 팔았지
당숙은 사곡면 깊은 산골에 우리는 유구면 신달리에

당장 입에 풀칠을 해야 하니
소판 돈을 나누어 줄 수밖에 아무조건 없이

다시 고향에 못가면
집도 땅도 노동력도 없이 살아가야 하는 총재산인데

아마 지금 같았으면 망설였을 것이다
살아남기 위해 어떻게 해야 할지 고민 고민하느라

다행히 고향이 중공군 수중에서 벗어나
일 년 후 돈이 떨어지기 전에 돌아와 집도 짓고 농사도
지어

아침밥 점심 없이 저녁 멀건 죽으로 배를 쫄쫄 굶었으나 어려운 결정을 한 건 결과적으로 예쁜 추억으로 돌아와 주었다네.

2016. 9. 27

돌이켜 본 예쁜 추억 2-1

두 번째 예쁜 추억은
부모님 사갑(死甲) 선물을 흡족하게 해 드린 추억이다

1975년도는 나도 자리가 덜 잡힌 상태라
망우리를 뒤지고 비문을 부탁하고 돈을 장만하는 게 만만치 않아

무리에 무리를 해서 비석 상석 망두석을
경삿날 어찌 선물을 두 분만 하랴 싶어 조부모 백부모 산소에까지

당시 석물이 일반화 돼 있지 않았고
가격이 아주 높아 이를 테면 아파트 한 채 값이 들어갔으니 큰 선물

거기다 벼슬도 안 한 뫼에 무슨 비석이냐는 시대
두 분 사신 기간이 아무리 짧다 해도 비문 채울 공덕이 없을소냐

아마도 아마도 내가 처음일 게다

난리를 만나 어머니가 지게 질 광주리행상까지 한 고행을 새긴 비문

받은 분들의 기쁨이야 알 길 없으나
정성을 다해 어렵게 값진 선물을 한 나로서는 아주 예쁜 추억이라.

2016. 9. 28

돌이켜 본 예쁜 추억 2-2

이곳에 잠드신 韓公은 名門巨族의 後裔로서 李朝 十六代 仁祖大王의 國舅 西平府院君의 十二代孫으로 일찍이 嚴親晩愚公과 慈親全州李氏의 嚴訓慈愛를 받아 名門의 後孫답게 毅然한 姿勢로 少年時節을 보내셨다. 天賦의 非常한 才能과 遠大한 抱負를 지니신 公은 靑雲의 意氣를 펴기 爲해서 서울에 올라가 善隣에 修學한 後 社會에 發身하여 中堅人物로 活躍하셨다. 公의 職分에의 誠實은 오히려 過勞로 因한 重病을 招來하여 臥席하시니 이때 公의 春秋 二十六歲요 公이 하시던 일을 無慮 세 사람이 해도 감당하기 어려웠다 했으니 이것 하나만 보더라도 公의 一當百의 能力과 先公後私의 精神을 足히 알 수 있으며 이는 後孫들의 본 바탕을 이루어 길이 이어나갈 것이다.

祔左의 配位 李晃敎女史는 일찍이 이 山野에서 나무지게를 진 남루의 젊은 女人으로 서울서는 中央市場一隅에 초라한 野菜광주리를 놓고 있던 素朴한 中年婦人이었으니 발은 비록 泥土에 빠졌으나 高潔한 精神은 蒼空을 날고 있었다. 瑩玉이 泥土에 묻혔으니 玉瓦를 뉘라서 分別했으리오. 女史께서는 李太祖十八代孫이며 坡谷后人漢學者 李熙英先生의 次女로서 이미 十餘歲에 孝經

烈女傳 四書三經을 通讀하여 婦德이 몸에 밴 窈窕淑女요 女中君子임은 아무도 몰랐을 것이다. 女史께서는 못다 하고 간 夫君의 遺志를 한 몸에 지고 倭政과 六. 二五의 險難한 世波를 이렇게 克服한 숨은 烈女시다. 功德의 結實로 名門大學을 마친 明匠의 孝子孝婦孝女를 두셨다. 굳건히 一家의 礎石을 다지시고 첫 孫子의 돌도 못 보신 채 그만 涅槃하셨으나 한편 돌이켜 보면 一片丹心 夫君을 向한 烈女의 뜻을 하늘도 저버리지 못했음이리니 女史의 行蹟을 기리지 않는 사람이 없으며 後孫들은 이를 萬歲垂訓으로 삼을 것이다.

西紀 一九七五年 四月 六日

두 분의 回甲을 맞이하여
그분들의 行蹟과 子女들의 孝心을 거듭 느껴워하며
恩津后人宋彙林謹撰 洛山申達雨書 和堂李若雨刻

돌이켜 본 예쁜 추억 3

세 번째 예쁜 추억은
여호와증인에 빠지기 직전 한 가정을 구출한 추억이다

한양공대 출신 중견간부가 이틀 결근 후
아내가 여호와증인에 빠져 아들 둘을 데리고 신앙집단
으로 들어간다 해

SOS를 한 번 만나 설득해 달라고
나도 그게 얼마나 불가능한 일인가를 대학동기가 영창
에 들어간 걸 보아

두 번이나 심하게 구타를 하고
부여서 시아버지가 와 설득해도 아무 소용이 없으니 마
지막으로 나에게

부인은 내가 뽑아 회사에 근무한 강릉태생
주위의 만류에도 불구하고 발 벗고 나서 저녁 6시부터
설득을 시작해

밤 11시가 되도록 종말론의 실체를 얘기했지만 절벽

알고 보니 나를 만난 다음 자기 담임목사를 만나러 가기 위한 방편이었으니

자정이 가까워오자 내가 제안을 했다
들어가라 하지만 아이들이 성인이 된 다음에도 결심이 변치 않으면 그때

눈빛이 흔들리기 시작했다 이때다싶어
두 사람이 환갑이 될 때까진 종말이 안 올 테니 그때 식구가 다 함께

고개를 끄떡끄떡해 남편 의견을 물으니 좋다고 해
아무도 해낼 수 없고 해 내지 못 했다는 일을 단 5시간 만에 성공시켰다

현재 70을 바라보지만 부부는 두 아들과 잘 살고 있는 예쁜 추억이어라.

2016. 9. 28

돌이켜 본 예쁜 추억 4

네 번째 예쁜 추억은
네 아이 낳아 기르느라 정신없던 때 주위에 첫 신경을 쓴 추억이다

집안사정이 좋지 않아
당질녀가 고교 진학을 못하는 걸 보고 3년간 학비를 부담하기로 해

한 달도 지체 없이
약속을 지키느라 애를 썼지만 지내놓고 보면 참 잘했다는 뿌듯함

눈코 뜰 새 없이 바쁜 회사 일에
네 아이 낳아 기르는 것도 만만치 않던 70년대 중반이라 더욱 더

차차 생활이 안정 되면서 큰 도움은 아니지만
주위에 눈을 돌려 학비에 도움을 주는 계기가 된 효시의 예쁜 추억.

2016. 9. 29

돌이켜 본 예쁜 추억 5

다섯 번째 예쁜 추억은
초교출신 아이돌보미를 중학과정 및 고등학교를 졸업시킨 추억이다

고향마을에 들어온 외지인
머슴살이를 해 겨우 살아가는 집 4남 1여의 막내 외동딸로 69년생

아이를 돌보게 하다 보니 보기가 딱해
진학을 시킬 계획을 세워 우선 학원에 보내 중학검정고시자격을 따

창덕여고 야간에 보냈다
저녁에 도시락을 싸 아이들 학교에 나르던 때라 일손이 딸렸던 터

학비도 학비려니와
아내의 희생과 보시정신이 절실히 요청되는 걸 잘 넘겨 졸업시켰다

고등학교 졸업이란 그 집안
최고의 학력이 되었으며 우리도 예쁜 추억으로 되새김
할 수 있네.

2016. 9. 29

돌이켜 본 예쁜 추억 6

여섯 번째 예쁜 추억은
거처할 곳이 없는 재종 둘째형네 가족에 살집을 마련해 준 추억이다

1990년 암으로 재종형이 돌아가면서
집 보증금까지 병원비로 써 미혼 3남매와 형수가 길에 나앉게 되었는데

나는 아이들이 커감에 따라
방이 더 필요한 때 마침 팔려는 옆집을 사서 트니 여유 공간이 생겼다

방 마루 부엌 화장실을 떼어내어
한 가족이 살 공간을 마련 형수를 불러 살 의향을 묻게 되었다

조건은 자유평등 계약
어느 한쪽이라도 조건에 안 맞는다 싶으면 언제고 서로 쉽게 헤어지는

인간관계에서 자기가 필요해 한 행위도

나중에 세월이 지나면 누가 누구를 착취했다는 얘기가
나오기 일쑤라

방값도 안 받고 전기세 수도세 방 연료도 제공
집안 청소와 세탁을 해야 하며 월 얼마를 드린다는 조건
을 제시 수락해

우리 집에 들어와 사는 동안
밑으로 남매는 대학까지 마치고 세 명이 모두 혼인을 하
게 되었다

11년 전 아내가 척추협착증 수술을 받아
도우미를 두게 되어 집안일을 안 해 보수는 지급지 않고
다른 건 그대로

현재 2016년이 되기까지
누구도 해약을 하자는 쪽이 없이 26년간 한집에서 사는
예쁜 추억이라.

2016. 9. 30

돌이켜 본 예쁜 추억 7

일곱 번째 예쁜 추억은
오막살이 초가집에 홀로 사는 큰당숙모에게 관심을 가진 추억이다

밭 한 뙈기 없는 가난만 있는 집
오남매 맏며느리로 시집와 3남 3여 기르느라 무거운 유기장사까지

술주정뱅이 남편 떠나시니
방 한 칸 부엌 하나의 초가삼간에 홀로 남아 사는 게 너무 안쓰러워

여주라 원주고향 올 때 갈 때 들러 용돈 조금 드리면
어찌나 반기시며 줄 것을 찾느라 텃밭에 심어놓은 호박이며 가지며

적적함을 덜고 자식들과 매일 통화를 하시라
TV와 전화를 놓아드리니 무척 좋아하시며 동네노인들의 모임 터로

고생고생하며 사신 인생 백수나 하셨으면 좋았으련만

고령이라고 자식들 반대로 위암수술을 반대해 몇 년 남기고 아쉽게

7, 80년대만 해도 독거노인에 대한
관심이 적었던 때라 두고 두고 얘깃거리가 된 예쁜 추억이어라.

2016. 10. 1

돌이켜 본 예쁜 추억 8

여덟 번째 예쁜 추억은
처남의 아들을 멘토링 서울대 입학의 계기를 마련해 준 추억이다

둘째 처남 아들이 초등 4학년 겨울방학 때
눈이 푹푹 빠지는 북한산길 산행을 제안해 승낙을 얻어 함께했다

우이동에서 시작해 도선사를 거쳐
가파른 용암문을 올라 대동문 보국문에서 정릉으로 내려오는 코스

내려와 점심식사를 하기까지
무려 서너 시간 동안 한 번도 쉬지 않고 나의 경험담부터 얘길했다

서울대엘 들어가려면 올 방학부터가 적기
너는 내가 보니 능력은 충분하니까 오직 분발해 노력만 하면 가능

들려오는 소식은 아주 희망적

학원 한 번 안가고 계속 전교 일등을 유지해 드디어 서울대에 합격

처갓집의 서울대생 1호로
나와 약속한 서울대 동창이 되었으니 나의 기쁨도 하늘을 찌를 듯

처남 셋 중 좀 처져 있던 둘째 집안이
활기를 찾아 빛을 발하기 시작했으니 아주 예쁜 추억이어라.

2016. 10. 2

돌이켜 본 예쁜 추억 9

아홉 번째 예쁜 추억은
매형이 남대문시장 진출자금이 없어 투자 권유를 받아 준 추억이다

우산을 만들어 팔다가
편물이 유행을 하자 창신동 삼선교에서 가게를 차려 살림을 꾸리다

편물 붐이 차차 사라져
현상유지가 안 될 즈음 남대문시장 털실가게가 잘 된다는 정보로

점포를 얻으려 하나 자금이 없어
나에게 공동투자를 제안해 와 선선히 응낙해 사업을 본격적 착수

장사가 어찌나 잘 되었던지
1년하고는 아무 말 없다가 2년을 한 다음 원금을 갚겠다 해 받았다

지금은 잘 되지만 언젠가 침체될 경우

처남 돈을 못 갚는 일이라도 생길까 봐 투자는 없던 걸로 하자고

우리는 처음에는 멍한 기분이었지만
"우리 돈이 역시 福돈이네"라며 한바탕 상쾌하게 웃고 말았다

남대문 털실가게는 상당 오랜 기간 잘 되어
한때 나더러 회사 그만 두고 장사를 하는 게 어떻겠느냐고 권유도

아무튼 매형님 사업은 이게 마지막이지만
여기서 번 돈으로 일생을 살아갈 수 있었으니 잘한 예쁜 추억이라.

2016. 10. 3

돌이켜 본 예쁜 추억 10

열 번째 예쁜 추억은
송익섭 둘째 아들이 뇌막염으로 사경을 헤맨다 해 살려낸 추억이다

건대전신 민중병원에서
여러 날 치료를 받았으나 인사불성으로 위급하다해 서울대에 청탁

나도 혹여나 실패할까
매일 매일 들러 병원장을 붙들고 늘어지니 성심성의껏 분발해 주어

병원장 한만청 형의 총지휘로
병원균을 찾으려했으나 쉽지 않아 어렵게 어렵게 발견해 완치했다

원인균을 모르면 치료가 불가능
다행히 그 당시로서는 서울의대 의술이 돋보이던 때라 위기를 모면

고모 고모부가 사색이 되셨다가
깨어나니 어찌나 기뻐하시는지 지금도 눈에 선한 예쁜 추억이어라.

2016. 10. 4

돌이켜 본 예쁜 추억 11-1

열한 번째 예쁜 추억은
조부모 산소에도 부모님과 똑같은 5尺冠碑을 해 드린 추억이다

부모님 사갑 때는 망두석과 상석만 해 드리니
6代祖의 龍冠 龜板의 6尺神道碑와 함께 碑文 있는 건 세 개라

직계 조상 중 서평부원군 아래로
비문 있는 비석은 父母님 祖父母님 6代祖님神道碑뿐이니 귀한 선물이라

돌이켜 생각해 보면 할아버지가
어려서 에미 치맛자락이나 붙들고 다니는 지더린 녀석이라 호통만 치시며

가까이 오지 않는다고 호령호령만 하고
한 번도 다독다독 안아주지도 않으니 더욱 더 멀어졌지만 옛날애기는 선수라

라디오도 책도 없던 시대 옛날애기를 해 달라고 졸라대면

머리에 새치를 뽑는 조건이라 나는 가끔 미워서 여러 개를 뭉텅뭉텅 뽑기도

어찌 되었든 나는 할아버지가 무서운 게 아니라 미워
똥 할아버지라 불렀으니 나의 기를 꺾어 주고 싶었던 것도 사실이었으리라

향학열은 있어 아버지를 선린에 유학시켰으나 요절
종형을 우리 집에 보내 배재를 보냈지만 낙제를 해 퇴학 처분 받고 내려왔으니

아마도 공부를 탐탁하게 여기시지 않은 듯
내가 초등 중학 모두 전교 일등을 해도 칭찬 한 마디도 안한 이상한 할아버지

교통고를 비롯해 일류고에 합격하자 마음이 조금 움직였는지
돌아가시기 직전 병문안을 갔더니 인생철학을 털어 놓는 걸 듣고 이해하기에

가난을 극복 졸부를 이루어 쥐어짰지만 다 없어지고 나에게 물려준 DNA뿐
대를 이어 집안을 일으킨 건 누구도 아닌 나라는 예쁜 추억이라.

2016. 10. 5

돌이켜 본 예쁜 추억 11-2

여기 편히 쉬시는 柳田 韓晩愚公께서는 幼年時에 生家父母님 三登公派佐東公膝下를 떠나 이곳 魯林에 이미 下世하신 通德郎 厚東公의 嗣子로 繼出되시어 少年家長이 되셨다. 幼時로부터 門中 同年輩에서도 出衆하시어 群鷄一鶴인 格이시더니 成長하시는 過程에서 그 個性이 더욱 뚜렷하셨다. 晴耕雨讀하는 勉學으로 人品을 陶冶하셨기에 實事求是하시는 實學的 精神으로 名門大家를 中興시키셨다. 天稟이 仁慈하시고 仔詳하시며 人間味 넘치는 諧謔도 兼하신 데다 忍苦로 다지신 巨軀에는 精力과 德望과 知慧가 表溢하시고 强忍한 意志를 지니셨으니 剛柔를 兼全한 性格으로 自手成家하신 선비이시다.

祔左의 配位 李鍾男女士는 全州后人 芝峯睟光先生의 後孫喜國公의 따님으로서 兩親膝下에서 閨中凡節을 닦으신 天定配匹이시라 夫唱婦隨의 婦道를 다하시었다. 兩位께서는 一心合力하시어 昏定晨省의 孝를 다하시고 家率을 德과 禮로써 거느려 家風을 振作하셨다. 公의 살림初年에 콩나물죽 三年으로 貧困을 脫出하셨다는 이야기는 逸話 中의 하나이다.

公께서는 門中과 鄕里의 大小事를 慈愛와 義理로써 돕고 處理하셨기에 그들의 支柱가 되셨다. 그래서 鄕里의 尊敬을 받으시며 生涯를 通해 좋은 敎訓과 많은 逸話를 남기시고 偕老하시어 通政大夫宅 中興祖가 되셨다.

兩位분의 功德으로 時代가 바뀌고 世上이 變해도 公의 後孫들도 名祖上님들의 後孫답게 兩位분의 血肉답게 바르고 꿋꿋하게 훌륭한 삶을 營爲하고 있기에 이에 墓前에 모여 家門을 더욱 빛내고 앞으로의 繁榮을 다짐하면서 두 분의 行蹟을 높이 기리고 冥福을 빌고자 돌을 세워 永劫으로 記念 追慕하는 바이다.

西紀 二〇〇一年 三月 三十日　恩津后人 宋彙林 謹撰
田人　金明圭 書. 刻
孫　斗鉉 謹竪

돌이켜 본 예쁜 추억 12

열두 번째 예쁜 추억은
직계조상 중에는 잃거나 굶는 분이 한 분도 없게 한 추억이다

서평부원군을 비롯한 윗분들은 종친회가 있어
내가 신경 쓰지 않아도 되고 아래로는 그대로 두었다면 큰일 날 뻔

땅속에 있는 조상들은 여기 있다고 고함을 칠 수도
배고프다고 울어댈 수도 없는 불쌍한 존재 자손이 모른 척 하면

돈만 있다고 정성만 가지고도 안 될 일
일찍부터 계획을 세웠으니 망정이지 조금만 늦었어도 이루지 못해

그야 종중산이 있고 거기에 묻히는 종손들이야
딴 세상애기로 들릴지 몰라도 대부분의 墓는 失墓상태 飢餓상태라

조상들을 한자리에 아름답게 뫼시고

5尺床石 두 개를 나란히 멋있는 文官石 望頭石 산소마다 月頭石

올라가 보면 마치 천상의 낙원인 양
2001년 많고 많은 일가들이 모여 제사를 올리니 축제 대축제라

그후 매년 한 번도 거르지 않고
자손들이 음력 시월 초 일요일에 시제를 지내니 조상님들 즐거워

내 일생 일대 가장 잘한 일 중 하나
말 못하는 조상님들 찾아 명당에 뫼시고 대접하니 예쁜 추억이어라.

2016. 10. 6

돌이켜 본 예쁜 추억 13

열세 번째 예쁜 추억은
자손 대대로 제사가 이어져 내려가도록 崇祖빌딩을 장만한 추억이다

세상의 변화는 너무나 빨라
내일을 예측하기 어려운 시대 우리 집 제사라고 언제나 온전할 수 있으랴

나 아니면 누구도 책임지지 않는 부모님
우리 부부의 제사는 내가 준비해야겠다는 생각으로 장만한 숭조빌딩이다

명의도 중요해 여러 자손 이름으로 合有登記
매우 번거롭지만 한 사람이라도 반대하면 팔 수 없도록 한 등기법이라

우리 부부가 다 죽으면 제사가 아들네로 가지 않고
5층에 있는 집에 사는 사람이 제물을 차려 놓으면 자손들이 와서 지내도록

수유동 변두리라 세가 변변치 않으나

나오는 셋돈으로 그럭저럭 제사 벌초 사초는 감당할 수 있을 듯해 다행이다

자손들아 너희도 제사를 영구히 받아먹고 싶거든
자신의 제2 숭조빌딩을 장만해 스스로 해결하도록 하라
자손만 믿지 말고

합유등기는 선산도 되어 있으나 너무 복잡해
몇 대 내려가면 각공거사종친회를 만들어 100% 참석 100% 찬성으로
종중규약 및 부동산변경을 할 수 있도록 宗中規約을 만들어 시행하거나

뒤로 미룰 것 없이 증여세가 마련되는 대로 내 생전에
아버지 호를 仲尼로 지어 올려 仲尼公派宗親會를 만드는 게 더 좋을 듯하다

아무튼 마련한 빌딩과 선산 둘을 영구보존해야 하며
崇祖빌딩과 先山을 장만한 건 내 생애 제일 잘한 일 중 하나인 예쁜 추억이다.

2016. 10. 7

돌이켜 본 예쁜 추억 14

열네 번째 예쁜 추억은
先山 두 곳 入口에 祖上님께 드리는 誓約의 돌을 세운 추억이다

祖上님께 드리는 誓約

1. 이곳은 祖上崇拜信仰의 聖地이므로 이에 反하는
   어떤 宗教行爲나 標識 등을 一切 禁하겠습니다.

2. 이 聖地는 男子 子孫에게만 相續하며, 所有權을
   가진 子孫의 賣却을 一切 禁하겠습니다.

3. 子孫들은 每年 伐草와 時祭 때 한자리에 모여 和睦을
   다지고 代代로 子孫이 繁昌토록 힘쓰겠습니다.

辛巳(2001)년 三月 三十一日
子 孫 代 表
清州韓氏 西平府院君 十三代孫
斗 鉉 謹告

儒教 이외의 어떤 종교행위나 표지도 금하고, 만일 그걸 원하는 者는 묻힐 資格을 喪失하며, 자손들은 어떤 어려움이 있더라도 노력하여, 이 聖地를 永久保存하라는 명령의 예쁜 추억이다.

2106. 10. 7

돌이켜 본 예쁜 추억 15

열다섯 번째 예쁜 추억은
이장 전에는 수시로 꿈에 나타나 괴롭히던 게 싹 없어진 추억이다

당숙네 돌아가신 분들이
돼지우리 같은 축축하고 지저분한 골목에서 자주 만나는 거였다

어떤 때는 헌가마니때기를 두르고
추워 벌벌 떨기도하고 비실비실 걷다가 만나기도 하는 비참함

이 근처에 사세요? 한번 가 봅시다 하면
질색을 하며 다음에 가잔다 그것도 비슷한 꿈을 한 달에 몇 번씩

나는 꿈을 잘 꾸지도 않는데
이러한 일을 몇 년에 걸쳐 경험하다 보니 심상치 않다는 생각이

그런데 참 이상한 일이 일어났다

산을 마련하여 여기저기 흩어져 있는 당숙네 산소를 이장하고서는

15여 년 동안 단 한 번도 이런 꿈을 꾸지 않았으니
물속에 잠겨 있던 처참한 매장상태가 너무 적나라하게 말해 주는 것

그분 자손들에게는 나타나지 않고
내 꿈에만 등장한 것은 해결해 줄 능력이 있는 나를 선택한 듯

너무나 영특한 신을 뉘라서 무조건 부정하리오
영혼의 존재를 증명시켜준 꿈이 너무 신기한 참 예쁜 추억이어라.

2016. 10. 8

돌이켜 본 예쁜 추억 16

열여섯 번째 예쁜 추억은
물속 재종형수 꺼내준 밤 꿈에 나타나 기쁜 모습 보여준 추억이다

나의 열렬한 팬 재종 맏형수 元玉洙님
새로 마련한 산으로 이장하려고 청주공동묘지를 간 팀이 오지 않아

알아보니 관이 퉁퉁 불어
중장비를 마련해 끌어내느라 어둑어둑한 저녁 무렵에야 도착해

쪼개보니 논 개흙 같은 게 쏟아진데다
날이 너무 저물어 매장을 다음 날로 미루고 각자 집으로 돌아갔지

꿈에 형수가 밍크코트를 입고 서서 기뻐 자랑을
아랫동서들이 삥 둘러서서 멋지다며 어디서 얼마에 샀느냐고 물어

깨어보니 꿈 시계는 새벽 3시

장지에 도착 그의 아들이 엊저녁 밤 꿈에 자기어머니를 보았단다

시간은 새벽 3시 30분 어머니가 가장 즐거워하는
사우나하고 돌아와 침대에 벌렁 드러누워 “내 세상이다” 하는 모습의

다시 한 번 놀랐다 고마움의 표시도
내게 먼저 한 다음 당신아들한테 하다니 너무 놀라운 추억이어라

말도 많은 어려운 삶을 살았지만 극락왕생하길 바랄뿐이다.

2016. 10. 9

돌이켜 본 예쁜 추억 17

열일곱 번째 예쁜 추억은
설날 추석날 큰 병 전에는 빠짐없이 성묘를 다녀온 추억이다

어려서부터 설이건 추석이건
차례를 지내고 나면 우선 산소에 들러 절을 하는 게 몸에 배다 보니

서울로 올라 와서도 눈이 오나 비가 오나
새벽같이 차례를 뫼시고 길이 막히기 전에 성묘 가는 게 연중행사

참 열심히 다녀왔다
어머니 아버지한테 세배를 먼저 하지 않고 누구한테 하랴는 마음

설전에 다녀오면 묵은세배니 꺼림칙
설이 지난 다음에 간다면 너무 성의가 없다는 생각에 바로 명절날

물론 한때 휴일지정이 안 되었을 때는 예외지만

자가용도 고속도로도 없던 시대도 끈질기게 고생을 낙으로 삼으며

내가 큰 병을 치르고 난 다음에는
자식 손자들이 대를 이어 성묘를 꼭 가는 걸 보면 매우 흡족하다

건강에 자신감이 붙으면 운전은 안 하더라도
살아 있는 한 다시 계속하리라는 마음만 먹어도 아주 기운이 난다

일생동안 끊임없이 실행해 온 행사로
설날 추석날 성묘만큼 뜻 깊은 효도도 흔치 않는 예쁜 추억이어라.

2016. 10. 10

돌이켜 본 예쁜 추억 18

열여덟 번째 예쁜 추억은
어려서부터 윗분을 찾아 세배를 잘해 온 추억이다

"세배란 세배(歲拜)가 아니고 시비(是非)니라"는
할아버지 말씀을 듣고 예법에 맞게 잘 하려고 노력에 노력을 했다

세배는 매우 중요해서 꼭 해야 할 사람을 빼놓는다든지
해서는 안 될 사람에게 한다든지 한자리에서 순서를 바꿔한다든지

싸움이 벌어지기도 하고 웃음거리가 되기도 하는 세배
일 년에 단 한 번만 잘 하면 인간관계에서 이만큼 좋은 일은 드물어

양력설에는 은사님 모셨던 윗분 서울거주 일가친척을
음력설에는 일찍 차례를 뫼시고 성묘 후 고향일가 어른들을 찾아

자칫 잘못하면 교만해지기 쉬운 엘리트 계층

넙죽 엎드려 큰절을 하면 얼마나 자기수양에 도움이 되는지 알아야

특히 뒷방으로 물러나 별 볼일 없는 분들
찾아보면 어찌나 기뻐하는지 보람을 만끽할 수 있어 얻는 게 많아

젊어서는 하루 열댓 분 힘도 들었지만
나이가 들수록 차차 줄어들어 체력에 맞출 수 있어 걱정할 게 못돼

"한식(寒食) 전 세배라" 해야 할 분 꼭 찾아
열심히 하다 보니 이보다 더 좋은 일이 드물 듯 예쁜 추억이어라.

2016. 10. 11

돌이켜 본 예쁜 추억 19

열아홉 번째 예쁜 추억은
장인어른 미수(米壽)에 뜻 깊은 대가족여행을 힘들게 해드린 추억이다

베푸시기만 좋아하는 장인어른
수차례 외국여행도 권했지만 번번이 거절 미수여행만은 꼭 성공시키려 노력

우등버스 대절 3박 4일 자식 조카 생질의 부부 대가족 15명
강원도 월정사를 시작 화선동굴 불영계곡 불영사 백암온천 투숙 안동 봉정사
하회마을 퇴계 이황 선생의 도산서원 서애 류성룡 고택
경주온천장호텔 투숙
석굴암 불국사 대릉원 통도사 만불사 돌할매 갓바위 대구 투숙 동화사 해인사
성철 스님 부도탑 사명당 출가 주석한 직지사를 거쳐 밤늦게 귀가한 여행

새벽부터 밤늦게까지 참 많이 많이도 돌아다녔다

일만 하시느라 어디도 처음이라 88노인이 신명나 갓바위까지 걸어 올라오시니

HIT 1은 퀴즈문제와 상금 어찌나 눈 부릅뜨고 찾는지 사찰을 들어가기 전 대략 설명을 하고 국보 보물을 찾아 대답하면 상금을

HIT 2는 셋째 날 점심 메기매운탕 저녁 소불고기 큰잔치

HIT 3은 장인 함자를 넣은 신대교 삼행시 주인공이 눈물을

辛 신명나게 살아오신 팔십 평생에
大 대단한 일가를 이루셨으니
敎 교차하는 만감이 왜 아니 없으랴

辛 신바람 나게 한평생을 멋지게 사신 우리 아버지
大 대소가 챙겨 가며 큰일도 많이 하셨네
敎 교만함을 모르는 겸손한 인품 만인이 우러러 보네

HIT 4는 5복에 대한 덕담을 했다
壽福 康寧 攸好德 考終命을 다 누리신 우리 장인어른 타고난 복도 크려니와
평생 복 짓기 게을리 하지 않으셨기에 5복을 누리신 거니 여러분도 실행하시길

아쉽다 아쉬워 백수를 채우지 못하시고 96세로
미수 여행이라도 해 드렸으니 망정이지 평생 한이 될 뻔한 예쁜 추억이어라.

2016. 10. 13

돌이켜 본 예쁜 추억 20

스무 번째 예쁜 추억은
장인어른이 쓰러지시기 전까지 꾸준히 간식을 보내드린 추억이다

매달 한 번씩 아내의 기쁨
과자와 과일을 한 박스 받으신 아버지가 즐거워하시는 전화였으니

마트에서 이것저것 골라
잘 잡수시는 아버지를 상상하며 사는 것도 빼놓을 수 없는 행복감

일이 좋아 큰 아들네 방을 비워놓고
고향 예산 대술면 숯골에 집을 짓고 농사를 홀로 지으시니 못 말려

귀도 점점 안 들려 전화도 어려워지고
가깝지도 않아 자주 찾아 뵈옵지 못하는 딸이 보내는 애틋한 정성

싸구려 과자류 자꾸 보낸다는 오빠의 지청구까지 들어가며
택배 도착하는 날이면 부자가 된 느낌이라는 아버지 전화에 끌려

나도 대식가인데 장인어른은 더해
한 번은 일찍 내려가 서산 마애삼존불을 비롯해 구경시켜드렸는데

점심에 갈비를 잔뜩 먹었더니
나는 오후 다섯 시경 저녁을 전혀 못 먹었는데도 홀로 또 불고기를

뭐든 잘 잡수시는 아버지와
보내드리는 즐거움을 누리는 딸이 궁합이 맞아 이루어낸 예쁜 추억.

2016. 10. 14

돌이켜 본 예쁜 추억 21

스물한 번째 예쁜 추억은
할아버지 생가 아버지 산소를 돼지공장 내에서 찾아낸 추억이다

桑田碧海라더니
동산은 간 곳 없고 돼지공장만 덜렁 이쯤인데 이쯤인데 큰일이야

자손 중에는 성묘도 벌초도 한 이 없고
큰 당숙 벌초 때 함께 갔다는 일가 어른 한 분 찾아 뫼시고 갔으나

돼지농장 주인이 출타중이라 다음 날 다시
숨차 하시는 90세 가까운 노인을 여주서 안성까지 차로 모셔 물으니

주인을 찾을 길 없어 그대로 뒀단다
따라가 보니 돼지 막사 사이길 비탈에 잘려나간 봉분이 조금 남아

고맙다는 인사를 백배하고

파 보니 역시 찾아 헤매던 산소라 어찌나 기쁜지 연신 브라보를

내가 할아버지 생가에 산을 내어
조상 산소를 찾아 십신조를 만들어 드렸어도 증조부를 잃었다면

생각만 해도 아찔해
일가어른이 안계셨어도 돼지 사장이 파내어 버렸어도 불가능한 일

내 기쁨이 이럴진대
지하에 계신 할아버지의 기쁨이야 어찌 가늠하리 예쁜 추억이어라.

2016. 10. 15

돌이켜 본 예쁜 추억 22

스물두 번째 예쁜 추억은
네 자식 경사에 부조한 분들에게 내 책을 계속 보내는 추억이다

받은 부조는 대를 이어서라도 꼭 갚아야
참된 인간이고 복도 누릴 수 있다는 걸 절실히 보고 배워 왔는데

참 이상한 일이 벌어졌다
열심히 청첩장을 보내 받고 나서 줄 때는 입을 싹 씻는 이가 많아

돈이 없어 못 배워서 그런다면 말도 안 해
많이 배웠을수록 돈이 많을수록 그런 현상이 두드러져 아주 실망

도시사회라 내가 못 갚으면 끝이라
할 수 있을 때 하자는 마음 출간될 때마다 보냈다 책과 시집을

알리지도 않고 이사를 해 반송되기도 하지만

이제까지 쓴 책 5권 시집 10권 시 전집 2권을 빚 갚는 심정으로

나에게 있는 건 받은 扶助錄 뿐
준 부조록은 불필요 실수하지 않으려고 기회가 될 때마다 본다

돈 몇 푼으로 인격을 팔고 악업을 쌓지 말아야
대를 이을 수도 없는 산업사회에서 단 한 번의 실수도 하지 말아야

다행히 내가 일찍 가지 않고 살아남아
책과 시집을 출간해 보낼 수 있는 게 얼마나 고맙고 예쁜 추억인지.

2016. 10. 16

돌이켜 본 예쁜 추억 23

스물세 번째 예쁜 추억은
손님의 점심은 내가 낸다는 걸 원칙으로 지켜 오는 추억이다

오피스텔에 사무실을 낸 지도 이십 개 성상
이럭저럭 나를 찾아준 고마운 손님은 천 명은 훨씬 넘었으리라

돌아가며 내는 정기모임이나
간혹 절대로 본인이 내겠다는 극히 일부를 제외하고는 내가 해

집에 온 손님은 물이라도 꼭
우리의 미풍양속이 어려서부터 머릿속에 남아 있어 그 편이 익숙

내 고집에 가까운 주장이 오히려
오는 이에게 부담을 주게 되어 발길을 멀리 했을지도 모르지만

재미있는 기억은 열 번을

내 의견에 따르다가도 어느 날 자기가 내고 나면 발길을
끊어버려

밥을 얻어먹기는 부담스러워
내 점심 아니면 오지 말라는 막말까지 해 가며 열심히 지
켜왔다

찾아오는 이도 날이 갈수록 줄어
더욱 더 즐겁고 이게 마지막일지도 모른다는 생각까지
들다 보면 더

편히 사무실에 앉아 대접이야
당연한 일이지만 변함없이 20년간 계속 지켜 내는 예쁜
추억이어라.

2016. 10. 17

제 6 부

돌이켜 본 흐뭇한 영상

돌이켜 본 흐뭇한 영상 1

꿈의 서울공대

불암산 기슭
신곡덕동 너른 벌판에 아름답게 서 있는

1, 2호관 멋진 건물
누가 지었는지 잔디정원과 너무 잘 어울려

1호관 시계탑에서 울려나오는
우렁찬 음악소리 들으며 등교도 점심식사도

우린 서울대 배지는 싫어
시원시원한 S工大를 가슴에 달고 목에 힘을 주었지

그럴 만도 하지 의대도 법대도
우리에겐 뒤처져 경기고 서울고 수석들이 몰려오던 시기

더욱더 나에겐 의외의 합격에
국가장학금을 받을 수 있었고 폐결핵도 완치시켜 주었으니

시골 촌놈이 서울에 와 처음
훌륭한 교수와 잘난 동창을 만나 삶을 살찌울 수 있었다네

지금도 가슴이 뛴다
새까맣게 물들인 군작업복에 S工大를 단 젊은 나를 상상만 해도.

2016. 10. 18

돌이켜 본 흐뭇한 영상 2

송영대(送迎臺)의 열기

1968. 8. 18 김포공항
아마 30명은 족히 되었으리

일본 기술연수를 떠나는
나를 배웅하고 맞이하기 위해 나온 친인척

기념사진을 찍고
비행기 트랩을 오르기 전 손을 흔들며 걸어가는

2개월 연수를 마치고
돌아올 때는 송영대에 나온 가족을 마주보며 흔드는 손

호랑이 담배 먹던 시절을 연상시키지만
아무나 맛볼 수 없는 짧은 기간의 광경이라 더욱 흐뭇해

돌아와 반년도 안 돼 떠나셨으니

나에게는 어머니께 드린 마지막 효도라 더 잊히지 않는 영상이어라.

2016. 10. 19

돌이켜 본 흐뭇한 영상 3

살려 준 코골이챔피언 대회

악몽의 일주일
잠을 통 잘 수 없이 심하게 코를 골아

일본연수를 함께한 金兄
菊屋여관 이층 한방을 쓰는데 통 잠을 잘 수 없어

깨워 사정을 하여 주문하는 대로
베개를 높여도 빼도 옆으로 뉘여도 잠시 잠깐일 뿐

섣불리 大和染工에 사정하기도 그래
이때나 저때나 찬스를 보고 있는 중 희소식이 귀에 번쩍

기술이전 책임자 鈴木부장이 자기 집에
우리 회사에 파견할 세 명을 포함 토요일에 초대 하룻밤을

저녁을 먹고 다섯이 너른 방에 잠을 청하는데
金兄이 먼저 조금 있자니 파견 팀장 大津과장도 만만치 않게

바로 이때다 싶어 살짝 빠져나와
복도에 있는 푹신한 의자 속 멀리서 들려오는 소리 자장가 삼아

푹 한잠 잤는데 새벽이 되니 나를 찾는다
밤에 잠을 잔 이는 한국챔피언 뿐 일본코골이챔피언 大津도 뜬눈으로

더 말이 필요치 않아 일요일 밤부터 우린 각방
일본을 이겼다는 기쁨에 나를 살려 준 코골이 대회의 흐뭇한 영상이라.

2016. 10. 20

돌이켜 본 흐뭇한 영상 4

내 성(姓)을 되찾던 날

한(韓)을 간이라 부르는
기술지도 팀장 오오쓰(大津) 과장

알 만도 한데 일부러인지
왜정 때 만주에 근무한 경력이라

기분이 나쁘지만
꾹꾹 참고 있는데 기회가 왔다

환영회 자리를 마련한
동경대 출신 加藤專務님이 나에게 묻는다

"간상이 아니지요?"
"네 간상이 아니고 한상입니다"라고 신나게

"오오쓰君 한상이라 불러야 해"
놀랬다 잘못을 지적해 한 번 과장을 군이라 불러 다시

가또오(加藤) 전무는 大和染工에 단 하나뿐인

동경대 출신의 최고 지성이라 무엇이 달라도 달라

갑 아닌 을의 위치라
바뀐 성(姓)을 참아오다가 내 성을 되찾게 된 흐뭇한 영상이어라.

2016. 10. 21

돌이켜 본 흐뭇한 영상 5

屈巾祭服의 자화상

굴건제복을 한 상제
청량리역에서 화물칸을 개조한 객차에 올라 원주

부론행 버스를 타고
가루개에서 내려 무상골 선영에 계신 어머니 뵈러

아침 일찍 출발 저녁 늦게 집
버스 기차 갈아타기 8번을 해야 하는 복잡한 고행 길

쉬는 날이면 비가 오나 눈이 오나
치질이 심하여 앉기 어려워 누워도 누워도 마음이 편해

60년대 말만 해도 드문 풍경
기차 버스 타는 상복 입은 상제는 3년상 내내 못 봐

가정의례준칙 69년 제정권고 73년 강제집행
용케도 걸리지 않고 전통예법대로 어머니는 저승 복이 많으신가 봐

상중제례 자그만치 아홉 번
초우 재우 삼우 졸곡 부제 소상 대상 담제 길제에 49재 첨가해 열 번

상복은 초하루 보름삭망 차례에
외출복까지 되다 보니 그 두꺼운 삼베옷이 탈상 때는 갈기갈기 찢어져

불경스러운 마음 한 장 사진도 남기지 않았지만
세월은 애통함이 차차 애잔함으로 반세기가 다 되니 흐뭇한 영상이어라.

2016. 10. 22

돌이켜 본 흐뭇한 영상 6

석탑산업훈장을 타던 날

1975. 11. 29. 12회 수출의 날
높고 푸른 가을 하늘 아래 세종문화회관의 열기

2억 불 수출을 달성한 대한민국
잔치분위기는 그 어느 때보다 달아올라 있었다

우리 회사는 최신식 시설을 도입
저 생산 저 품질의 비연속에서 연속염색가공으로 전환

한창이던 봉제수출의 원단을
일정한 고급품질 대량물량으로 공급한 공을 인정받으니

기술 시설을 도입한 지 7년
수요를 따르느라 한 편에선 생산 다른 편에선 증설하던 시기

입사할 때 열 명의 선배는 단 한 분
공장담당 생산부장이 되어 생산과 품질을 한 어깨에 진 상태

심신이 고달프고 험난했던
12년간의 노고가 수훈으로 주마등처럼 지나가버린 순간
이었지만

얼마나 기뻐하실까 어머니
사갑의 해에 주시는 값진 선물인 듯싶어 더욱 흐뭇한 영
상이어라.

2016. 10. 23

돌이켜 본 흐뭇한 영상 7

환상의 이태리 주말여행

1976년은 나의 해인 양
봄에 상장기업의 별인 임원에 오르더니
5월에 생전 처음으로 유럽출장이라 날염시설도입 검토 하러

이태리 북부 토론토
레쟈니 프린트기 공장을 견학하고
기계가동상태를 보기 위해 염색공장에서 몇 주 관찰을 하게 돼

말 설고 낯설은 이태리
40년 전이라 보는 것마다 눈 설고 신기해
검토가 끝난 주말 여행사에 의뢰해 3박 2일의 스케줄을 짜게 해

비행기 택시 버스에 몸을 싣고
로마 폼페이 나폴리 소렌토 베니스로 달리고 달렸다
내 손에 들려 있는 건 일본인이 쓴 여행정보 안내서 한 권

소렌토 늙은 택시기사 "돌아오라 소렌토" 신난 노랫소리
폼페이 화산재에 덮인 엎드린 남자의 자세 움푹 파인 길
현재에도 손색이 없을 만큼 아름다운 타일은 마음을 사로잡아

베니스에 도착 버스를 내리는데
어떤 아줌마 친절하게도 소매치기를 조심하라고 해 놀라기도

점심을 찾아 찾아 맛난 송아지요리를 먹자니
영국에서 여섯 번째 왔다는 영국 할매그룹 다음에 와선 꼭 먹어야겠다 해

늦게 깨달은 바이지만 독일 프랑스 영국 관광이 시답잖아
맨 나중 봐야 할 이태리 너무 일찍 그나저나 첫 유럽관광의 흐뭇한 영상이라.

2016. 10. 28

돌이켜 본 흐뭇한 영상 8

染色加工技術士의 자부심

드물다 아주 드물다
시험이 시작된 지 반세기가 되었건만 십여 명에 불과

응시자도 합격자도 드문
77년도 여덟 번째로 될 때만 해도 기출문제집 하나 없어

출제범위를 헤아리기 어려워
광범위하게 전문서적이란 전문서적을 깡그리 뒤지고 읽어

한 해 육칠십 명씩 배출되는
토목이나 건축과는 달리 섬유분야는 일 년에 한 명꼴이다 보니

일반화 돼 있지 않은 분야는
시험공부하기가 그만큼 어렵기 마련 일하랴 준비하랴 밤잠 줄이며

기술사 자격을 취득한 기쁨도 커

한창 고무되어 있을 때 기술사시험 출제위원에 위촉되
니 더욱더

내가 출제한 문제로
공대 선배 공학박사 대학교수까지 시험을 치르게 하는
뿌듯함도

명예에 불과하였지만
아주 희귀한 명예라 기술사로서 자부심을 만끽한 흐뭇
한 영상이라.

2016. 10. 24

돌이켜 본 흐뭇한 영상 9

靜軒섬유기술상 수상스피치

1990. 11. 8

돌이켜 보면
나는 섬유와 큰 인연을 맺고 태어난 것 같아

일찍 아버지를 여의고 편모슬하에서
어릴 때부터 목화를 따고 씨아질을 해서 목화씨를 빼기도

물레질을 해서 실을 잣기도
조금 커서는 베를 짠다고 베틀에 올라 수선을 떨기도 해

짠 베를 강가에 나가 바래기도
어머니가 바느질을 하시는 재봉틀이 고장이 나면 고치기도

말하자면 어려서 목화재배로부터
방적 직포 및 봉재에 이르기까지 손을 대 보았지만

다만 염색은 안 해보았으니 사회에 나가서는

염색을 해보라는 染色一生을 살게 된 게 아닌가 하는 생각이

一技一生으로 한 우물을 파고 있다고는 하지만
아직 이렇다 할 작품 하나 만들어 놓지 못한 나에게

과분한 상을 주시는 뜻 더욱 분발하라는 것으로 알고
정헌섬유산업상* 수상자로서 부끄럽지 않도록 힘쓰겠습니다.

* 靜軒纖維産業賞 : 동일방 초대 徐廷翼 사장님의 호를 따 徐民錫 사장이 만든 상.

2016. 10. 25

돌이켜 본 흐뭇한 영상 10

아들딸과 미국 자유여행

1998. 5. 27~6. 14 (19일간)

여행을 좋아하지만 바빠서 바빠서
재직 중이나 은퇴 후나 굶주리다 모처럼 큰아들 하버드 박사학위에 맞추어

생전 처음 미국 땅을 밟은 김에
작은딸을 데리고 아내와 함께 가 다시는 미국 궁금증이 나지 않을 정도로

보스톤, 워싱톤, 뉴욕 중심
MIT대학, 수륙양용 자동차, 자유의 여신상, 엠파이어스테이트 빌딩,
세계무역센터, 메트로폴리탄미술관, 자연사박물관, 구겐하임미술관,
백악관, 미국회의사당, 링컨기념관, 워싱턴기념비, 알링턴국립묘지,
스미소니언박물관, 버지니아 부자동네, 나이아가라 폭포, 캐나다 숲,

LA, 레플린, 샌프란시스코 중심
라스베가스, 그랜드 캐넌, 요세미티 국립공원, 유명 골프 코스, 디즈니랜드,
유니버설 스튜디오, 서부 은광 캘리코 고스트 타운, 17마일 드라이브 코스,
덴마크 민속촌 '솔빙',

미국에는 다시 갈 생각이 나지 않는다네
유명하다는 것은 닥치는 대로 눈이 아프도록 보고 또 보아
늘 마음 한구석을 차지하는 인디언 삶의 흔적을 파고들어가며
맛있는 것은 바닷가재를 비롯해 멕시코 요리 중국 딤섬도 찾아먹어
우리나라 놀이기구는 안 타다가 위험한 걸 나 혼자 타니 눈이 휘둥그레지기도

자유여행은 돈도 시간도 언어도 정보도 있어야 가능한 일
건강을 잃어 해외를 나가지 못하게 되니 내 생전 가장 긴 여행

좋은 기회를 놓치지 않고 잘 잡아 삶을 살찌운 흐뭇한 영상이어라.

2016. 10. 27

돌이켜 본 흐뭇한 영상 11

베스트셀러씩이나

꿈에도 생각 못한 베스트셀러
출판만 해 주면 인세도 안 받을 작정으로

내 경험을 많은 이들에게
전수해 주고 싶은 순수한 마음으로 쓴 것

정말 문턱이 닳도록
방송 잡지의 발길이 잦아 정신 차릴 수 없어

출판사에서는 한 권이라도 더
나는 인터뷰에 나온 내 모습이 너무 상상외라

거기다 책장사라는 자괴감까지
TV출연 강연해 달라는 것도 여러 학교의 청도 거절

매일 매일 라디오 아침방송에
한마디씩 해달라는 요구 거절하지 못해 하다 보면 신경
쓰여

거절 거절하기에 바쁜 시기
회사 재직 시 최신식 폐수처리 시설로 잠깐 KBS에 나온 게 고작

매스컴하고는 담 쌓은 삶이
제3인생의 첫 작품이 어쩌다 손사래를 치게 만든 흐뭇한 영상이라.

* 제3인생의 첫 작품 : “자식을 부모의 팬으로 만들어라”

2016. 10. 29

돌이켜 본 흐뭇한 영상 12

未堂徐廷柱詩會賞 수상소감

2009. 12. 11

지난해 시상식에 참석
"나도 저 상 한 번 타 봤으면 좋겠다" 했는데
너무나 뜻밖에 수상을 하게 되니 정말 꿈만 같아

고희를 넘긴 나이에
시를 쓴답시고 열을 올리니
미당선생께서 감투상을 내리시는 걸로 알고 기꺼이 받고자

1915년 을묘생과 저의 인연은 깊어
돌 때 돌아가신 아버지도 홀로 힘겹게 길러 주신 어머니도
아내를 낳아 길러주신 장모님도 미당선생님도 다 동갑이시니

난생 처음 시를 접한 것도 한학을 하신
어머니가 외로움을 달래시느라 늘 암송하시던 五言唐音으로

途中寒食이라 馬上에 逢寒食하니 途中에 屬暮春이라
可憐江浦望하니 不見洛橋人이니라로 시작되는 자장가
같은 것

詩를 못하면 선비대접을 못 받는다 하시며 옛이야기를
들려주셔
"시를 꼭 공부하리라"는 시심을 심어 주신 분도 을묘생
어머니셨으니

존경해 마지않는 어버이 같은 미당선생님!
더욱 정진할 것을 약속드리오니 계속 따뜻이 보살펴 주
시길 바랍니다.

2016. 10. 30

돌이켜 본 흐뭇한 영상 13

호랑이의 박물관

해야지 해야지
늘 되뇌이면서도 한 해 한 해 미루어 오다가

2011년 여름
갑자기 찾아온 패혈증으로 저승문턱 밟고 나니

덤프트럭이 떠올라
입원상태에서 부랴부랴 서둘러 호랑이의 박물관을

佛像 조각 백여 位
만 권을 훨씬 넘는 서적
천수백점에 달하는 호랑이 수수백 점에 이르는 컬렉션

숭조빌딩 4층에 전시
언제 떠나도 쓰레기통을 면하는 복을 누리게 되었다네

죽음의 문턱이 아니었던들
아직도 머릿속에서만 남아 있을 일이 번개처럼 이루어져

경제성이 없다 보니
당장 개관은 못 한다 해도 언제고 빛을 볼 날이 있으리라

잃은 것이 있으면
얻는 것도 있다는 평범한 진리가 떠올라 아주 흐뭇한 영상이어라.

2016. 10. 31

돌이켜 본 흐뭇한 영상 14

王陵짝퉁 맨션무덤

살아생전 서민주택
무덤만은 맨션으로 하는 끼가 동해

왕릉 도면 따라
짝퉁 능을 설계하니 아주아주 마음에 들어

지하 2m에 촘촘한 그물인 銅網을 깔은 바닥
나무뿌리 곤충 뱀 개구리 어떤 동식물의 침입도 막아

석관 내부는 三物*을 바르고
외부에는 1m 두께 삼물옹벽 쳐 결로와 침수 차단

옹벽 밖 1m 두께 강자갈 쌓아
아무리 폭우가 쏟아져도 내부로 들어갈 수 없는 물길로

석관 위 횡대 덮고 삼물 치고
석관을 덮어 천정 결로 방지 그 위는 삼물로 지상까지
채워

두 개의 석관 사이에는
바닥까지 돌로 된 부장품석관을 만들어 제기 조각품 저서를
2013년 암중의 암 췌장암수술
미리 미리 준비하고자 비문까지 새겨 세운 흐뭇한 영상이어라.

* 三物 : 석회 모래 흙을 물에 개어 콘크리트반죽과 같이 만든 것.

2016. 11. 1

돌이켜 본 흐뭇한 영상 15

300 도서관 보낸 詩 전집

출판할까 말까 망설이다
세상에 나온 묵직한 두 권의 詩 全集

늦깎이 無名詩人이
무슨 전집씩이나 내느냐 미루고 미루었지

난산 난산이라 더 그런가
아주 아주 뿌듯해 참 잘했다는 기분까지 들다니

대학교 지방 도서관 300곳
배포되었으니 반만 비치된다 해도 얼마나 자랑스러운 일

천여 시집 세 분야 나누랴
묵은 사진 찾으랴 애썼지만 받아보고 즐거워하는 이 많아

열 권의 시집을 보낼 때는
단 한 번의 연락도 하지 않던 이도 이번에는 잘 받았다니

내 시 전집을 읽고
한 사람이라도 더 팍팍한 삶을 살아가는데 도움이 된다면 충분

돈 쓰고 찜찜한 경우가 많은데
두고 두고 좋은 추억으로 되돌아오리니 괜찮은 흐뭇한 영상이어라.

2016. 11. 2

돌이켜 본 흐뭇한 영상 16

짝퉁 효녀심청 두 딸

두 딸이 매달렸다
자기 일을 내팽개치다시피한 채

항암치료로 입원해서나
퇴원해 집에서 몸을 추스를 때나

부산 큰딸은 서울로 와
작은딸은 학교 강의만 겨우 하고

먹고 싶다면 어디든지
찾아내어 머나먼 길도 달리고 달렸지

나만 몰랐다
사형집행이 2개월밖에 남지 않았다는 걸

참 대단하다 우리 딸도
"효녀심청이네"라는 말이 떨어지기도 전에

삼사 개월이 지나 자리가 잡히자

어느 날 갑자기 두 딸은 본 위치로 돌아가

짝퉁 효녀심청인 게 확인
그건 아무나 하나 진짜로 만들어주지 못해 미안 미안

내가 살아나니 진짜보다 나은 짝퉁의 흐뭇한 영상이
어라.

2016. 11. 3

돌이켜 본 흐뭇한 영상 17

韓國文學批評家協會 文學賞
2016. 12. 15

세상이 새삼 아름답다는 생각
지난 5년간 사형선고를 두 번씩이나 받고

겨우겨우 가석방된 중죄의 전과자에게
상까지 얼마나 따뜻하고 정겨운 일이 아닙니까?

살아날 확률이 5%상태인 패혈증에서 깨어나니
암 중의 암이라 불리는 췌장암으로 수술 받고 항암치료 중

간으로 전이 2개월 안에 100% 간다는 한국 최고의 명의라는
주치의를 비롯해 권위자들의 이구동성 예견도 무색하게 3년을 더

의학적 과학적으로 살아 있지 못할 사람이라는
의료진의 얘기를 듣고 있자면 나는 이미 저승사람이 분명해

아마도 이승에 파견된 저승대사가 아닌가 하는 생각이 들기도

확실한 건 기나긴 투병생활 중 가장 힘을 준 것 하나가 詩라는 친구가 곁에 있었기 때문이라는 걸 말씀드리고 싶으며

제 시에 대해 이러쿵저러쿵 누가 뭐래든
좋아하는 애독자가 있고 제가 즐길 수 있는 한 계속 쓸 겁니다

부족한 저에게 한국문학비평가협회 문학상을
선정해 주신 심사위원님들께 깊은 감사를 드립니다.

2016. 12. 15

돌이켜 본 흐뭇한 영상 18

흘러온 江 반세기 日記

많은 걸 보고 품어온 강
아무리 가물어도 그칠 줄 모르고 흐르길 반세기

71년도를 발원지로
5년을 한 눈에 볼 수 있도록 만든 특별한 일기장

1월 1일

	社會生活	家庭生活	오늘의 思索
71			
72			
73			
74			
75			

처음에는 칸을 메우기 위해
차차 익숙해지면서 습관적으로 쓰고 쓰다 보니 개울이 강으로

나와 삶을 함께한 두꺼운 空冊
채워지고 채워지다 보니 나에게 많은 걸 제공하는 원천
되어

著述도 하고 詩도 쓰고 반듯하게 살아온 것도
하루도 거르지 않고 사색하고 사색하며 살아온 결과물
이 아니랴

권하고 싶은 제일 항목 日記
同伴者가 세월의 때가 끼다 보면 어느덧 分身이 되는 흐
뭇한 영상.

2016. 11. 4

돌이켜 본 흐뭇한 영상 19

完治판정 膵臟癌

2016. 11. 22.
PET-CT결과를 보던 날

내 귀를 의심
"완치 되었습니다"라고 하니

일 년 전엔
"완치란 없습니다"라던 주치의가

순간 스쳐 가는
수없이 많은 흐뭇한 영상 지난 4개 성상

어찌 나만의 노력이랴
나를 살려내려고 애써 온 보이는 손 보이지 않는 손

저버리지 않으리라
남은 생을 뜻있게 마무리해 보답 보답하고 떠나리라.

2016. 11. 26

돌이켜 본 흐뭇한 영상 20

家訓의 방향 제시

○ 큰 일은 한 세대 하루아침에 이루어지지 않는다
偉業不可速成
○ 가장 가치 있는 일이란 인류에게 공헌하는 것이다
聖業爲人貢獻
○ 길을 잃었을 때는 땅만 보지 말고 별을 보고 길을
찾아라
逆境確固理想

1981년 가훈 제정
자손 대대로 지켜 나가도록

한 사람 한 사람
훌륭히 살아가면 인류의 행복이 이루어지리니

나의 자손이 먼저
뚜렷한 목표를 세우고 꿋꿋이 잘 살아가다 보면

언젠가는 쌓이고 쌓인 선업
인류에 영원히 남을 큰 업적으로 나타나리라는 믿음

가훈을 벗 삼아
뚜벅뚜벅 걸어갈 자손을 떠올리는 흐뭇한 가훈의 영상.

2016. 12. 7

돌이켜 본 흐뭇한 영상 21

誓願 담은 佛像조성

경건한 마음으로
다듬고 다듬어 조성한 佛像 119位

기나긴 세월
정성을 다해 서원을 담고 담은 나의 分身

헛되지 않아 귀한 꿈
꼭 이루고 오라 병마까지도 물리쳐 주신 뜻

어찌 짐작하지 못하리
자나 깨나 하루빨리 하루빨리 두 손 모아 기원

믿습니다 믿습니다
인류의 진정한 행복을 누리게 할 꿈 꼭 이루어지리라

꿈이 현실로 탈바꿈하는 날
흐뭇한 영상 넓고 넓어 가없는 하늘을 덮으리 덮으리라.

2016. 12. 8

中里 한두현(韓斗鉉) 시인

■ 약력

- 1938년 서울 상왕십리 출생.
  부친 별세로 고향인 강원 원주 부론 노숲 성장(돌 때부터)
- 초등학교 6학년 때 6.25발발 2년간 농업에 종사하느라 진학이 늦어짐
- 중학 3학년 때 학생회장으로 정의의 혁명심이 발동하여 전교생을 7일간 동맹휴학으로 이끌어 목적을 달성하였으나, 장기정학 처분 및 수석졸업에 品行可를 받음
- 국립교통고등학교(국비) 졸업. 서울대학교 공과대학 졸업
- 35년간 섬유업계 종사, 상장회사 대표이사 사장 역임 후 자진 은퇴, 제3인생 시작
- 국가발전기여공로 석탑산업훈장 수훈
- 기술사, 발명가, 글지이, 조각가
- 문예사조 시 신인상 당선 문단 데뷔
- 문예사조문인협회 회원, 서울시낭송클럽 상임위원
- 한국문인협회 회원, 국제펜클럽 한국본부 회원

■ 수상(詩부문)

- 문예사조문학상 본상 수상
- 한국자유시인상 대상 수상
- 未堂徐廷柱시회상 수상
- 한국문학비평가협회 문학상 수상

■ 시집

- 인연(제1시집)
- 인왕산(제2시집)
- 서원의 길(제3시집)
- 마중물(제4시집)
- 몽당연필(제5시집)
- 징검다리(제6시집
- 태풍아(제7시집)
- 어느 여의사(제8시집)
- 몰록(제9시집)
- 호모사피엔스(제10시집)
- 한두현 詩전집 1 · 2

■ 저서

• 자식을 부모의 팬으로 만들어라
〈자녀교육해법 124장〉 나남출판
• 자식에게 무엇을 가르쳐 세상에 내보낼 것인가
〈뿌리교육해법 124장〉 나남출판
• 자식을 우리의 옛 이야기로 길러라 1, 2
〈이야기 인성교육 620마당〉 나남출판
• 자식교육 이제는 프로부모의 시대다
〈전문부모의 길 74장〉 나남출판

■ 病歷

• 6.25때까지는 식욕부진 하복부복통 학질 등 잦은 병치레로 몸이 쇠약했음
• 고2초에 폐결핵 발병하여 대학졸업 때까지 6년간 치료를 받음
• 27세 때 극심한 식중독으로 사경을 헤매다 간신히 살아남
• 74세 때 패혈증으로 생존율 5% 상태까지 이르렀으나 기적적으로 깨어남
• 75세 때 패혈증 후유증으로 봉와직염 발병 발목뼈 염증으로 수술 후 지팡이 짚음
• 76세 때 가장 악독하다는 췌장암 발병으로 수술 후 간단한 항암치료를했으나,
• 77세 때 간으로 이전되어 2개월밖에 못산다는 사형선고를 받고도 강력한 항암치료 24회(1년간)와 방사선溫熱치료로 현재 80세까지 살아남아 드디어 완치판정을 이끌어 냈다.

시로 쓴 회고록
한두현 제01시집
말문이 열린 江

초판 발행 2017 년 2 월 12 일

지은이 | 한두현
펴낸이 | 김효열
편 집 | 이미정
마케팅 | 김효숙 · 이현심 · 박미옥

펴낸곳 | **을지출판공사**

등록번호 | 1985 년 2 월 14 일 제 2-741 호
주 소 | 서울시 구로구 가마산로27길 24, 319호
우편번호 | 08298
전 화 | 02) 334-4050
팩 스 | 02) 334-4010
이 메 일 | ejp4050@hanmail.net

값 15,000원

* 잘못된 책은 바꿔 드립니다.

ISBN 978-89-7566-168-6 03810